家からみる江戸大名

井伊家

彦根藩

野田浩子

吉川弘文館

刊行のことば

現在、日本の行政区分は四十七の都道府県にわかれているが、各地ではそれぞれの行事や祭礼が行われ、方言が残り、また食文化に違いがあるなど、いまだ独自の地域文化が残っており、これが豊かな現代日本を形成している。こうした地域社会独自の在り方において、特に大きな影響を与えたのが、泰平の世が約二百六十年以上に渡って続いた江戸時代だったのではないだろうか。江戸時代の日本列島は、現代よりもさらに細かい陸奥国や武蔵国といった旧国六十六州にわかれ、さらに大部分が将軍のお膝元である江戸を中心とした幕府の領地や、大名の領地である藩であった。細かく言えば、さらに朝廷や寺社の領地など、支配者である領主の違いによる様々な区分があった。いずれにせよ江戸時代の地域には様々な歴史や背景が異なる領主がおり、これによる支配が行われたのである。

本シリーズでは、こうした領主の中でも、江戸幕府を開いた徳川家や地域において大きな領主であった藩・大名家を取り上げる。現代日本において、徳川家は小学校社会科の教育課程から必ず学び、東京はまさに徳川家の城下町であり、世界でも有数の都市として発展した歴史を持っている。また、たとえば岩手県の南部鉄器や佐賀県の伊万里焼、徳島県の藍染めなど、大名家によって保護され、現在まで伝えられている地域独自の殖産興業は枚挙にいとまがない。これらは江戸時代の長きに渡り、領主や住民である領民、さらには時に外部の者によって、積み重ねられていった歴史や文化であり、他の地域には見られない独自の地域を形成する大きな土台となっている。本シリーズでは、こうした地域独自の在り方に注目して、徳川家や大名家をみていくことで、より豊かな江戸時代の日本を描いていくことにしたい。

また本シリーズのタイトルは「家からみる」としている。「江戸幕府」や「藩」は、そもそも当時一般的に使われていた用語ではなく、江戸幕府であれば「公儀」「公辺」「柳営」などと呼ばれ、藩もまた江戸時代後期以降に一般化したものであり、明治四年の廃藩置県によって正式に使用され、地域においては藩もまた「公儀」と称された。では、これらの政治組織は当時どのように称されていたのかというと、「家」や「御家」であった。少なくとも、江戸時代が始まった前期から中期にかけては、米沢藩よりも上杉家、薩摩藩士よりも島津家中といった方が一般的であった。徳川家では少なくとも十五世紀に遡って史料上活動が確認でき、右の上杉家や島津家さらに京極家など、中世において守護大名の系譜を引く大名家もいれば、金沢前田家や備前岡山池田家といった織田信長や豊臣秀吉に家臣として仕えて大名として取り立てられた織豊系大名など、もともと「家」が基盤にあり、これが江戸大名へと続いているのである。この中にはもともと徳川の家臣だった彦根井伊家などの譜代大名も含まれる。

日本における「家」が平安時代、藤原氏など貴族の「家」や、「兵の家」と呼ばれた源氏や平氏などの武家において誕生して以来、一部を除き、人々は「家」に属することが一般的になった。「家」は、家長（当主）を頂点として、家名、家産、家業の永続を図る世代を越えた組織であり、家長が祖先崇拝を担い、本分家という同族と婚姻による親類を軸として、非血縁の家臣・奉公人をも包み込んだ社会集団であった。江戸時代、武家をはじめとした諸身分の社会的基盤は「家」であり、現代に至るまで日本の社会に大きな影響を与えている。本シリーズでは、こうした側面から徳川家や大名家をみてみることで、江戸時代の領主とはどのような歴史的性格であったのかを従来とは異なる視角からとらえていくことを目指している。さらに、こうした「家」的支配の在り方は、日本に限られたことではない。同時代、たとえば、中央アジアから西アジアにはオスマン帝国を創建したオスマン家がスルタンを名乗りカリフの宗教的権威も兼ねて統治をしていたし、ヨーロッパでもハプスブルク家がドイツ・オーストリアを中心に広くヨーロッパを支配していた。もちろん、これらの「家」は組織形態も構成員等も異なるものであるが、当主と妻をはじめとした親族組織を中核とする「家」は世界史でもみられ、とりわけ前近代においては特徴的な支配形態であった。こうした点を踏まえて各帝国・王国などの「家」を比較していくことで、世界史レベルでの各国史の特徴を明らかにしていくことも可能となる。ただし、本シリーズではまず日本の江戸時代における「家」の特質や新しい側面を徳川家や各大名家の個性にも着目しながら明らかにしていくことを目指し、こうした点も視野に入れているという点に留めて、今後の課題としていきたい。

二〇二三年三月

野口朋隆
兼平賢治

目　次

コラム

プロローグ——徳川筆頭家臣の使命《ミッション》

御家人の長

林鵞峰《はやしがほう》（幕府儒家林家二代）の著作「林氏異見」（『史籍集覧』）の中に、「武家執政の事」という江戸幕府初期に政務を執った重臣を総覧した一文がある。その中で、井伊直政《いいなおまさ》は榊原康政《さかきばらやすまさ》・本多忠勝《ほんだただかつ》とともに「軍功をもって御家人《ごけにん》の長《ちょう》たり」と評されている。

ここでの「御家人」とは徳川家の家臣、つまり譜代大名や旗本を指し、その長とは徳川家臣のトップを意味する。実際、この三名は徳川家康に登用された侍大将《さむらいだいしょう》であり、天正十三年（一五八五）以降、彼ら三名の部隊が徳川の軍制の中核を占めた。家康が豊臣政権の大老から関ヶ原合戦で勝利を得て天下を掌握するまでの一連の動きの中で、彼らは軍事作戦、配下の侍の統率、他大名との交渉などを含む軍事行動で重要な役割を果たしている。一般には、彼らに酒井忠次《さかいただつぐ》を加えて「徳川四天王《とくがわしてんのう》」と総称されるが、三河時代の宿老であった忠次に代わるようにして三名が台頭してきており、この三名が徳川の天下取りを支えた家康の宿老であったことはまちがいない。その中でも直政だけが官位・石高とも榊原・本多より一歩抜きん出ていた。

「武家執政の事」を読み進めると、三代将軍家光の時代、直政の跡を継いだ直孝《なおたか》が「御家人の長たり、仰せによって在江戸、士政を相談し」たと記述されている。直孝が「御家人の長」を引き継ぎ、その役割には「士政の相談」があったという。直政ら三名の「御家人の長」を受け継いだのは直孝ただ一人であり、この段階で井伊と榊原・本多の間に明確な格差が設けられたことになる。井伊家のみが「御家人の長」を継承する家となった。

大坂の陣で豊臣氏が滅びると軍事力を行使する可能性は低くなるが、井伊家が徳川の軍事力を代表する家として重視されたことに変わりはない。この時期、幕府は泰平《たいへい》の世《よ》にふさわしい社会体制をめざしており、直孝も家光・家綱政権に参画してその議論に加わった。鷲峰が記す「士政の相談」とはそのような役割を指すと考えられる。

直政に始まる「御家人の長」としての役割は直孝に引き継がれて幕政に存在感を示し、次世代以降も常に徳川将軍家の筆頭家臣であり続けた。

しかし、家光政権の中での直孝の役割は、これまでの幕政史研究ではほとんど注目されていない。

大老の家

井伊家は大老《たいろう》を輩出した家として知られる。一般には井伊直弼《なおすけ》が有名であるが、四代直興《なおおき》以来四人（直興は二度）が大老に就いた。一方、直興以前には、家光政権期の土井利勝《どいとしかつ》・酒井忠勝《さかいただかつ》など、老中が一部の細かな職務が免除された場合も「大老」と呼ばれている。近年、直興より前の時代の大老（初期大老）にはこの老中上職以外にもう一系統あることが示されており、それが井伊直孝から始まるものである。直孝から保科《ほしな》正之《まさゆき》、榊原忠次《ただつぐ》、井伊直澄《なおすみ》へと継承されていく。

直興は大老に就任する時に「前掃部頭《かもんのかみ》（井伊直澄）のとおり大老仰せ付けらる」（「江戸幕府日記」東京国立博物館蔵）と命じられており、先代直澄が務めてきた「大老」を受け継いでの就任であったことがわかる。ただし、幕府の職制では直興以降を大老とするものが多く、直澄以前の「大老」との間には違いがあるのも確かであろう。それらの関係を明らかにするためには、職務権限や役割、日々の行動といった点を比較検討する必要がある。これまでの大老の職務についての見解をたどると、直弼以外は「実権をふるっていない」といわれてきた（『国史大辞典』）。直弼を基準にして考えるとそのように映るのであろう。しかし、直弼の大老とはそれ以前から井伊家代々が重ねてきた職務実績の上に成り立つものである。初期大老時代の直孝以来、歴代大老に貫かれる職の本質を捕らえてこそ、大老とは何かを明らかにすることができる。

一方、直孝が家光・家綱政権のもとで初めて務めた役割の中には、大老以外に継承されるものもある。将軍の嫡子・嫡孫として誕生した跡継ぎの若君の成長儀礼では、井伊家は大老就任の有無に関係なく、家臣筆頭としての御用を代々務めた。一方、日常的な御用は類似した格式をもつ大名数名が交代で務めることになり、譜代上層の大名集団「溜詰《たまりづめ》」に共通する役割として定着していく。

特例を認められた家督相続

井伊家は徳川家臣筆頭の家柄を維持し続けた。大名の家格を示す指標として用いられた官位は常に侍従《じじゅう》以上であり、領地は二代直孝の代に三十万石に加増されるとそれが十四代直憲《なおのり》まで維持された（直憲の代に減知あり）。これは決して偶然ではない。一般的に減知される要因としては、跡継ぎ不在のまま死去、法令違反などの問題行動、家中内紛といったものがあるが、井伊家では家督継承の危機が生じてもそれを乗り越えることができた。

図1　井伊家歴代画像　彦根城博物館所蔵　画像提供：彦根城博物館/DNP artcom

危機時の対応策の一つに隠居した前当主の再任があった。当主が若年で死去してその跡継ぎに据える男子が不在の場合、通常は他家から養子を迎えて当主とするが、井伊家の場合、前当主の再任で乗り切り、結局幕末まで一度も他家から養子を迎えていない。このような特例ともいえる措置が認めら

表1　井伊家の領地と石高

年	城　地	石　　高
天正18年(1590)	上野国箕輪	12万石
慶長3年(1598)	(高崎へ移転)	
慶長6年(1601)	近江国佐和山	18万石　近江に15万石，上野に3万石
慶長9年(1604)	(彦根へ移転)	
慶長20年(1615)		15万石　井伊直継へ上野国安中3万石を分知
元和元年(1615)		20万石
元和3年(1617)		25万石
寛永9年(1632)		30万石　内，武蔵国世田谷・下野国佐野に計2万石
文久2年(1862)		20万石

れたのは、井伊家独自の役割が考慮された結果といえる。

本巻のねらい

本シリーズで取り上げる大名では、井伊家だけが譜代大名である（徳川将軍家以外はすべて外様大名）。もともと徳川と肩を並べる存在であった外様大名と徳川の家臣である譜代大名では、将軍との関係性は根本的に異なる。譜代大名は家臣として将軍に奉公しその政務の一部を担っており、その部分に家の特質があらわれることになる。そこで本巻では、将軍家臣筆頭という側面から井伊家のあり方を描いていきたい。

幕政のなかでの井伊家のあり方は、幕府の支配体制が形成されていく状況と連動している。幕府の諸制度や社会体制は将軍の代でいえば三代家光・四代家綱の治世つまり十七世紀後半までに順次形成されていき、平和と安定の「泰平の世」を迎えると、五代綱吉の治世では軍事よりも忠孝・礼儀を重視するように価値観が転換するといわれている。江戸城の御殿で繰り返される殿中《でんちゅう》儀礼での着座位置が大名の序列をあらわすことになり、元禄時代とも呼ばれる綱吉の世（十七世紀末から十八世紀初頭）のころに固まった秩序がその後百五十年以上にわたり継承されていく。井伊家の役割もこれと同様の変遷をたどっており、江戸時代を通じて井伊家に与えられた役割のほとんどは二代直孝の務めに端を発するが、次世代ではそれが変質しつつ再編されて、元禄時代に大老職や溜詰の役割として確立することになる。

このような時代の変遷をふまえ、本巻は次の通りの構成をとる。

第一章では初代直政の時代を扱う。徳川家康の手で井伊家という組織が創出され、直政がその筆頭家臣として徳川の天下掌握に貢献した状況を述べる。豊臣政権期の大名徳川家の家中での話であり、江戸時代以前のことであるが、江戸時代の井伊家の立場を考える前提となる。第二章と第三章では、二代直孝が命じられた幕政参与から四代直興の大老職まで幕政への関わり方の変遷を追う。第四章・第五章では元禄時代に確立し、その後百五十年以上にわたり維持されてきた井伊家の家格と役割を概観する。その立場に基づき日々どのような行動をとっていたのかを具体的に示していきたい。第六章では家督継承の状況を通じて、井伊家（当主・家臣とも）が抱いていた「家」に対する意識を探る。第七章では、幕末に大老に就いた十三代直弼の政務とその後の幕府との関係を、元禄時代以来の秩序の維持と変質という視点からとらえる。

ここで、本書で主に用いた史料について説明を加えておく。一つは幕府内で作成された「江戸幕府日記」類である。幕府日記は作成部局や作成経緯の異なる数系統が現存しており（小宮木代良、二〇〇六）、本書では、家光政権期は姫路酒井家伝来の右筆所日記《ゆうひつしょ》（『姫路酒井家本江戸幕府日記』ゆまに書房刊）を、それ以降は国立公文書館所蔵（内閣文庫旧蔵）の右筆所日記や柳営日次記《りゅうえいひなみき》を主に用いた。もう一つは井伊家に伝来した「彦根藩井伊家文書」である。筆者がかつて勤務していた彦根城博物館で所蔵している。そのなかには当主本人による幕府出仕の記録がまとまって残っており（野田浩子、二〇〇四b）、これを用いて井伊家当主の行動を具体的に叙述することに努めた。

江戸城内外で行われた将軍を頂点とする儀礼で井伊家当主はどのように行動し、それはどのような意味をもったのか。当時も庶民はもちろん家臣も一部の者しか知り得なかった密室空間での行為を明らかにすることで、筆頭家臣として将軍家へ奉公する井伊家のあり様を示したい。

図2　井伊家系図

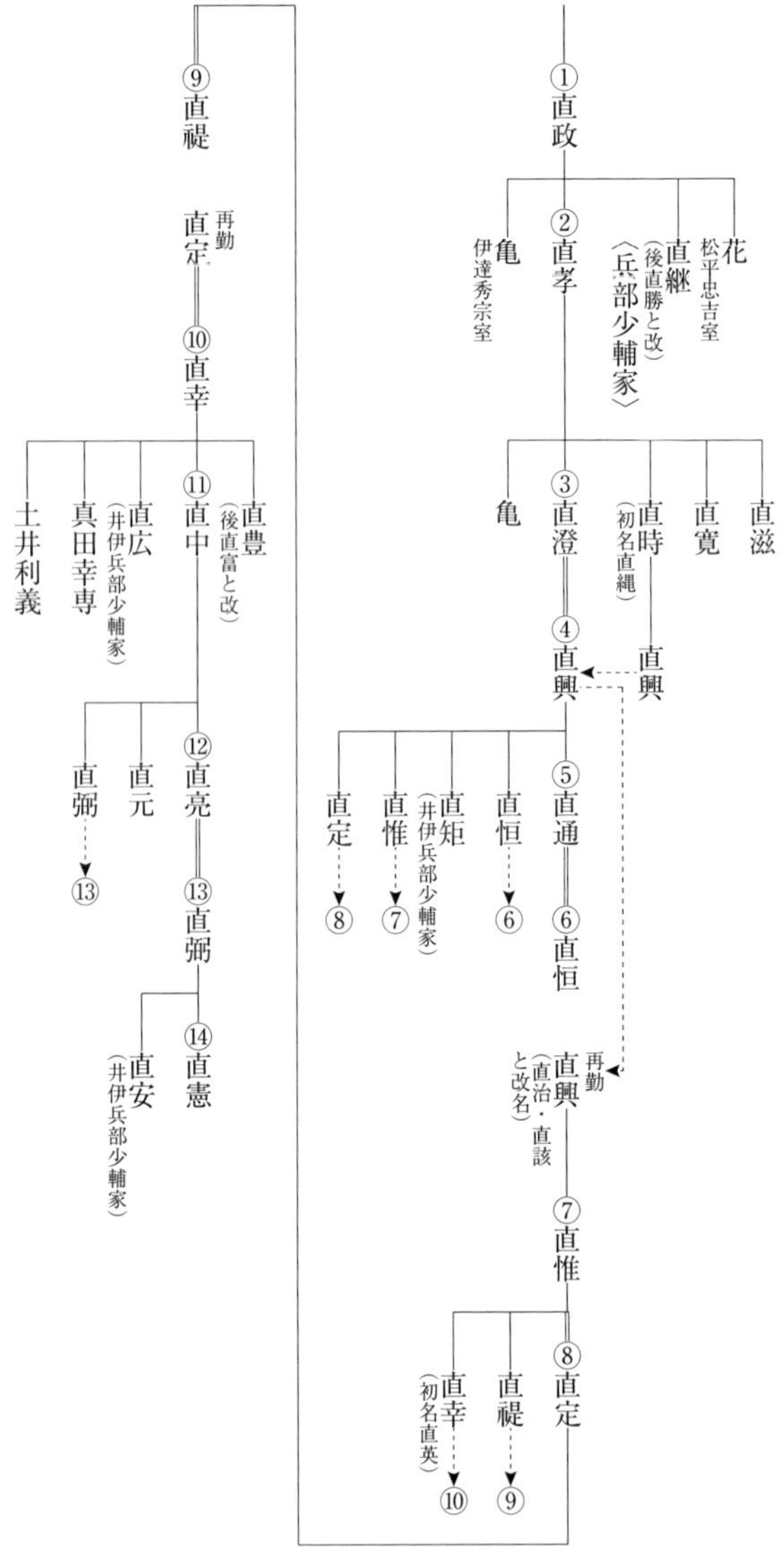

＊本文では、改名した人物は本系図記載の名前を統一して使用した。
○は歴代の代数を示す。養子は‖で表した。

一　譜代筆頭家の創出
初代直政の時代

1　徳川の家臣となる

遠江の名門武家

井伊家は遠江国（静岡県）西部、引佐《いなさ》郡を本拠とする武家の家柄である。苗字の地である井伊谷《いいのや》（浜松市）は浜名湖の北側に位置する。

井伊氏の名は、源平の争乱のきっかけともいえる保元元年（一一五六）の保元《ほうげん》の乱《らん》にすでに登場しており、源頼朝《みなもとのよりとも》に従った鎌倉御家人の中には「井伊介《いいのすけ》」がいる。鎌倉御家人には平安時代後期に地域を開発した領主という側面があり、井伊介もそのような武士といえる。さらに「介」という国衙《こくが》役人の次官の官職をつけて呼ばれたということは、井伊氏は遠江国衙の在庁官人《ざいちょうかんじん》でもあったことを示唆している。

その後も遠江西部に井伊氏の足跡が確認できる。南北朝期には後醍醐天皇の皇子宗良《むねよし》親王を井伊城の井伊介が庇護していた。井伊介は南朝勢力の消滅とともに足跡が絶えるが、別の井伊氏が南朝方の新田《にった》義興《よしおき》（新田義貞の二男）や遠江守護であった今川氏といった各勢力の配下におり、南北朝期には同じ苗字を名乗る一族が分立し、広がりを見せていたことがわかる。室町時代には遠江守護の斯波《しば》氏配下に井伊氏が確認できる。斯波氏は永正七年（一五一〇）から駿河守護の今川氏親《いまがわうじちか》に侵攻されて滅亡するが、その戦いで三岳《みたけ》城を拠点として井伊次郎率いる井伊衆が今川勢を相手に戦っている。

このように、井伊氏は幕府や守護といった上級武家と直接つながっており、西遠江の中核となる武家であった。一方、井伊氏の系図としては、平安時代中期に井伊谷の井戸から出生したという井伊共保《ともやす》を始祖とし、藤原北家へつながるものが知られている。江戸時代初期に幕府が編纂した『寛永諸家系図伝』にはこの系図が載せられており、大名井伊家の公式見解でもある。先祖の出自を源平藤橘といった貴種に求め、それを示す系図を作成する風潮は鎌倉時代後期の武家社会で広く見られた。井伊氏の系図もこのような動向の中で創作されたものであり、先祖の系図は史実とみなすことはできない。実際には、一族の分立や興亡を繰り返し、系統は移り変わったが、常に井伊を名乗る武家がこの地の有力者であった。井伊の名はほかの地域からも知られた名門武家であったことはまちがいない。

今川配下の国衆

井伊直政の直接の先祖として確認できるのは、曾祖父にあたる井伊直平《なおひら》からである。従来、三岳城の井伊次郎は直平と比定されていたが、近年は別勢力と考えられている。斯波氏の敗北とともにその配下にあった井伊次郎も敗退してこの地を追われ、今川氏に味方した勢力がこの地を治めることを認められて前領主と同じ「井伊次郎」を称したと考えられる。

遠江が戦国大名今川氏の配下にあった時代、井伊氏は今川のもとで国衆《くにしゅう》として存在していた。国衆とは、戦国大名の配下にありながら比較的独立して地域を支配していた領主階層である。戦国大名も国衆もそれぞれ領国を支配している中で、戦国大名が国衆に対して領域支配を認め、国衆は大名からの命令に従って軍事動員に加わる義務を負うという関係があった。井伊氏は今川氏の命令に従ってしばしば出陣している。

その軍事出動としてもっとも有名なのが、永禄三年（一五六〇）の尾張侵攻、つまり桶狭間《おけはざま》で織田信長《おだのぶなが》から急襲を受けて大将の今川義元《よしもと》が討ち取られ、今川方が大敗した戦いである。井伊氏当主の直盛《なおもり》はこの進軍の先鋒を任されており、討死した。この時、井伊配下では小野玄蕃《おのげんば》（直盛の家老）、奥山氏、上野氏、田中氏ら十六人と雑兵二十六人も討死したと伝わる（「井伊年譜」）。奥山氏は井伊谷に近い奥山城を本拠とする国衆であり、三氏とも系図上は井伊氏と同族とする武家である。彼らは地域の領主として独立しながら、軍事上は井伊氏をトップとする「井伊衆」の編制に組み入れられ、今川のいくさに出陣したとみられる。

軍事行動をとるには、指揮官のもと集団を組織する必要があり、有力な国衆の配下に中小国衆が入って軍事編制されるのが一般的である。組み入れられた勢力を同心・与力などという。井伊直盛を大将とする「井伊衆」は、井伊一門や家臣に加えて、同心である周辺国衆から構成されていた。

家康の遠江進出と井伊衆

当主の直盛を失った「井伊衆」は、主要メンバーによって運営されることになる。

桶狭間の敗戦の後、今川から出陣を求められた井伊氏は、永禄六年（一五六三）には高齢の井伊直平（直盛の祖父）が兵を率い、翌年には井伊家親族の新野親規《にいのちかのり》と中野直由《なかのなおよし》が大将の代理として出陣した。しかし、いずれも負け戦で彼らは討死している。彼らが命を落とすと、次に井伊氏の政務を執ったのは、中野氏や小野氏・松下氏・松井氏と、のちに「井伊谷三人衆」と称される菅沼・近藤・鈴木の七氏と伝わる（『譜牒余録』）。小野氏は井伊直盛のもとで家老を勤めた家、松下氏は頭陀寺《ずだじ》（浜松市南区）を本拠とする家である。松井氏は、二俣《ふたまた》城主松井氏の一族で井伊谷に居住して井伊氏の配下にあった者と思われる。

一方、「井伊谷三人衆」の鈴木重時《すずきしげとき》・菅沼忠久《すがぬまただひさ》・近藤康用《こんどうやすもち》はいずれも奥三河を本拠地としており、もともとつながりがあった。鈴木氏は三河山吉田城（愛知県新城市）を本拠とする国衆、近藤氏も宇利《うり》城（同市）の城主であり、いずれも井伊衆に属して軍事行動するという関係にあった。一方、菅沼忠久は長篠を本拠とする菅沼氏の一族であるが本拠地から離れ、井伊谷周辺に居住して井伊氏のもとに仕えていた。

永禄十一年十二月、徳川家康が駿河の今川氏真《うじざね》へ向けて三河から東へ兵を進め、遠江への侵攻を開始する。この

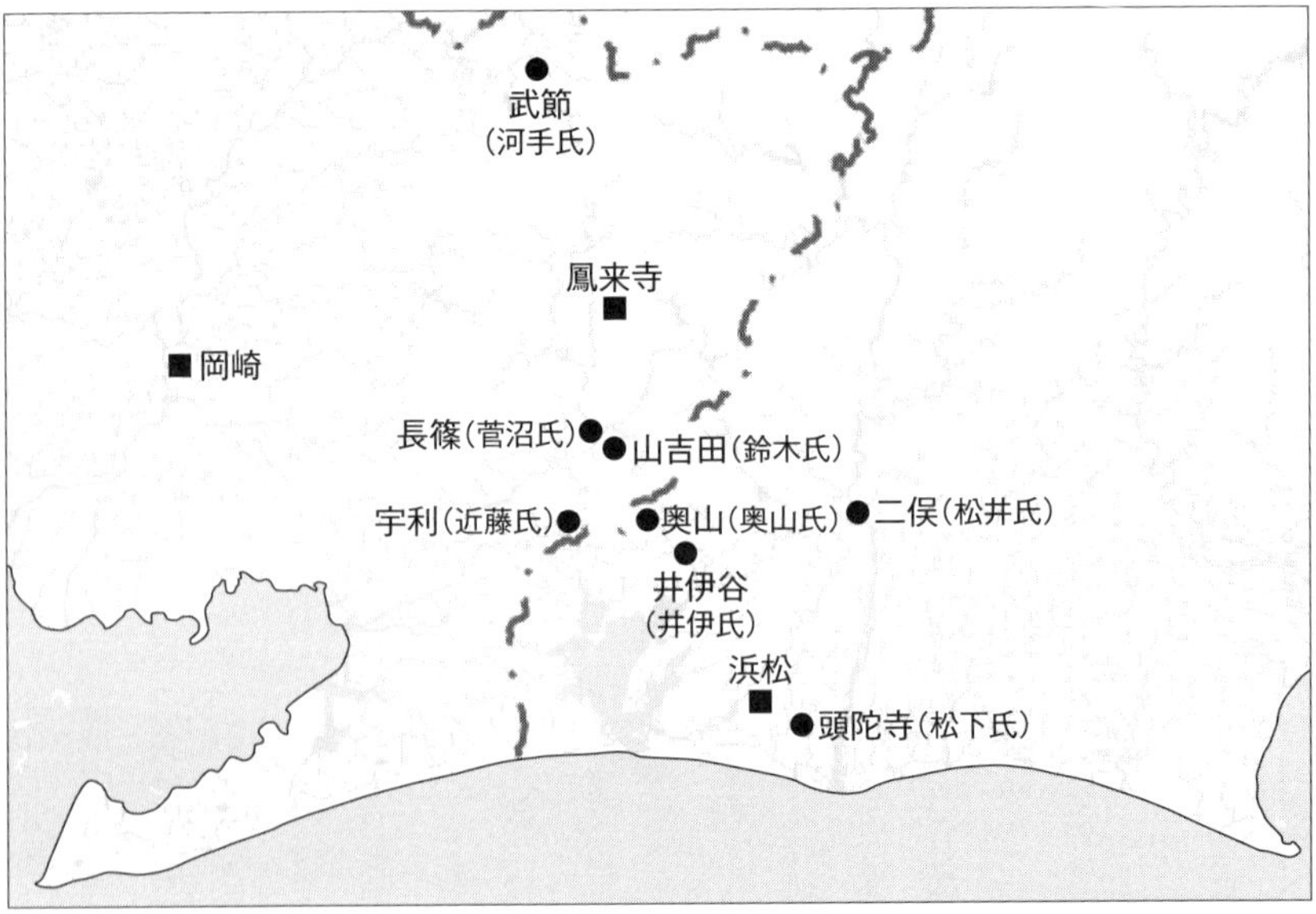

図３　井伊衆ゆかりの地

とき徳川方についていた三河野田城主の菅沼定盈《さだみつ》は、井伊氏のもとにいる一族の菅沼忠久へ働きかけ、忠久と近藤康用・鈴木重時を徳川の味方につけることに成功する。この調略は家康の遠江侵攻を成功に導く重要なものであり、彼らはその功を賞して家康から直臣として取り立てられ、「井伊谷三人衆」と総称される。井伊氏側からみると、七人衆のうち三人が徳川方についたことで、徳川を受け入れざるを得なくなったということだろう。それでも、七人衆が一致してそのような結論に至ったのではない。徳川が遠江侵攻を成功させると小野但馬守は命を奪われている。小野氏は今川に対する取次を務めており、関係の深い今川から離反することに最後まで反対したのであろう。

家康が浜松城に入って遠江が徳川の領国となったあとも、甲斐の武田《たけだ》信玄《しんげん》は遠江へ兵を向け、元亀三年（一五七二）には両者が三《み》方ヶ《かたが》原《はら》（浜松市北区）で合戦に及んだ。井伊氏の領地は武田氏が侵攻してきたルート上にあり、井伊谷も争乱に巻き込まれている。そのような中、当主不在の井伊氏では、一族の男子を当主につけて家を再興させることを悲願とし、準備を進めていた。

家康への出仕

井伊直政は、永禄四年（一五六一）、井伊氏の一族である井伊直親《なおちか》の息子として生まれた。母は近隣の国衆で井伊氏の同心でもあった奥山氏の娘である。

直政の幼少期については『寛永諸家系図伝』や「井伊家伝記」などに叙述がある。それによると、父直親は井伊氏当主の直盛とは従兄弟の関係にあったがその養子となり、桶狭間で直盛が討死したあと当主を継いだが、徳川に内通したという疑いをかけられて今川氏真のもとへ弁明に赴く途中に掛川《かけがわ》で討たれた。そのため直政も命を狙われたが、井伊氏を補佐する新野親規により養育された。永禄十一年、直政は鳳来寺《ほうらいじ》（新城市）へ逃れ、その後、母が松下清景《きよかげ》に再嫁したため、直政はその養子となり松下のもとで養育された。天正三年（一五七五）、直政が十五歳（数え年、以下同じ）になったときに、鷹狩途中の徳川家康が直政を見かけて声をかけ、そのまま家臣になった。仕官後の勤めぶりがほかの人と異なるので家康が父祖の由来を尋ねたところ、直政は井伊直親の子であると答えたため、家康は父祖の地である井伊谷を与えて井伊の名を名乗るよう命じた、というものである。

図４　井伊直政　彦根城博物館所蔵　画像提供：彦根城博物館/DNPartcom

ただし、この話には後世に意図的に創り出されたものが含まれていると思われる。ほかの大名家の系図でも、徳川に仕える前の動向や先祖の出自は大名家にふさわしいよう作為されていることが少なくない。さらに、戦国時代の井伊氏について詳細な「井伊家伝記」は、江戸中期に井伊家菩提寺である井伊谷龍潭寺《りょうたんじ》の祖山《そざん》和尚によって著わされたものであるが、その内容は、正徳元年（一七一一）に龍潭寺が隣村の寺院との争論で幕府へ訴訟を起こした際、戦国時代の井伊氏や龍潭寺の歴史を彦根藩に説いたものがベースとなっている。争論そのものが井伊家始祖の共保《ともやす》が出生したという伝説をもつ井戸の権益をめぐるものであり、断片的な史実に創作を加え、龍潭寺が井伊家の興隆に寄与したと説いたのである。こういった改変が加えられている可能性をふまえつつ、当時の状況に照らしあわせて幼少期の直政について再考したい。

直親の井伊氏内部での立ち位置を推測すると、直親の父直満《なおみつ》は反今川の疑いをかけられて命を落としており、直親自身も徳川に内通したとして今川により討たれているため、直親が今川配下の有力国衆の当主として周囲から認められていたかどうか疑わしい。直親が死去した時期も複数の説があり、討たれた要因も再検討が必要であろう。直政の由緒を整えるにあたり、父が当主に就いていない訳にはいかないとして直親が当主に加えられた可能性も考えられる。

直政が鳳来寺へ逃れたという永禄十一年は、徳川による遠江侵攻が開始された年である。このとき井伊谷周辺は戦場となっているため、戦乱から避難するため鳳来寺へ入ったのであろう。鳳来寺のある奥三河は「井伊谷三人衆」の本拠地にあたるため、彼らの手によりその勢力圏内に匿われたとみられる。その後、鳳来寺を出て松下のもとに入った時期は系譜資料には記されないが、元亀二年（一五七二）の武田信玄による遠江・三河への侵攻の影響が考えられる。武田氏の南下により鳳来寺周辺が戦場となり、身を隠せる場所ではなくなったため、家康が居城とした浜松よりも南に位置し、徳川勢力下である松下氏の頭陀寺が新たな避難先に選ばれたと思われる。表向きは母の再嫁先についていったことになっているが、当時の武家社会の縁組には政治的な理由があるのが一般的であり、この婚姻は直政を松下の養子にするのが目的であったと思われる。養子となることで、直政は井伊氏の跡継ぎという立場を隠しながら安全な場所で暮らし、しかるべき教育を受けながら成長することができた。

この状況から推測すると、鳳来寺に入る前にはすでに直政を次の井伊氏当主とすることが井伊氏周辺で合意されていたと思われる。また、家康も早い段階でその出仕を受け入れることを承認していたのであろう。

直政が家康家臣となった当初より、その周辺には井伊氏ゆかりの者がいた。

初期の家臣たち

彦根藩でまとめられた藩士の履歴資料には、先祖が井伊家に仕えた状況が記される。それによると、直政が家康へ出仕してすぐにその家臣となった者には、父直親の家臣であった今村正実・正躬兄弟、先祖が井伊直盛に奉公していた内山正辰らがいる。今村氏は、直政の幼少期には別の者に仕官しており、直政が家康に仕えることになるとすぐに旧主のもとに戻ってきたのであった。直政の出仕時に御供したと伝える小野亥之助は、井伊氏家老小野氏の一族であり、直政とは母が姉妹の関係にある従兄弟でもあった。また、松下清景は直政の出仕後もその周辺におり、直政を後見し続けた。

直政の初陣は、天正四年（一五七六）の遠州芝原の陣と伝える。武家にとって初陣は特別なものであり、その履歴に特記されることも多い。当時、遠江に侵攻してきた武田氏が高天神《たかてんじん》城を攻め落として拠点としており、徳川はその周囲に城を築いて対峙していた。天正四年春には、高天神城に兵粮を入れようとして武田勝頼《かつより》が兵を向けたのに対し、家康自身が出陣して芝原に兵を置いている。直政の初陣もこの状況でのものと思われるが、交戦したとの記録は確認できず、合戦には至らなかったようである。また、天正七年には天龍河原の陣で家臣の松井清易が一番鎗の武功を挙げたと伝わる。

父直親の親族である酒井氏、母の実家である奥山氏、井伊氏の一門である伊平《いだいら》氏も天正十年までには直政の配下に入っている。奥山朝忠《ともただ》は直政の従兄弟にあたり、天正五年に客分として召し出されたという。

このように、直政の出仕当初にその配下にあった者の顔ぶれをみると、国衆井伊氏の一門・同心・家臣という関係にあった者たちであった。直政は国衆井伊氏の旗頭として徳川に出仕したといえる。

2　家康筆頭家臣へ

天正壬午の乱での帰属交渉役

天正十年（一五八二）、二十二歳になった直政に活躍の機会が与えられた。この年は、武田氏の滅亡、本能寺の変、旧武田領をめぐる徳川・北条・上杉の争い（天正壬午の乱）と、勢力地図が大きく入れ変わった激動の一年であったが、直政にとっても節目となる年であった。

直政は同年八月までに「万千代《まんちよ》」という仮名《けみょう》から「兵部少輔《ひょうぶのしょう》」という官途名へ改称している。本能寺の変後は慌ただしいため、五月の上洛前または上洛中に改称した可能性が高い。まもなく、その名にふさわしい活躍の場が与えられる。

天正十年七月、徳川は甲斐国へ出陣した。武田氏の滅亡によりその旧領である甲斐・信濃は織田信長の家臣が入ったが、本能寺の変で主君を失った彼らが地元の勢力により追い出されると、その空白地を狙って周辺の北条氏、上杉氏と徳川が兵を進めて領地獲得をめざした。

甲府に入った徳川勢は北条勢と衝突する。若神子《わかみこ》城（山梨県北杜市）に入った北条氏直《うじなお》勢と対峙する一方、甲府盆地へ向けて南方の御坂《みさか》峠から進軍してきた一万もの北条別働隊をわずか千五百の兵で打ち破った（黒駒の戦い）。圧倒的な兵力の差がありながら徳川勢が勝利した要因の一つに、地元の武士や村々を味方につけていたことが挙げられる。

甲州への出陣に参加した直政は、このような敵方と衝突する前線には配備されていなかった。このとき直政に任された任務は、地元の武士と交渉し、徳川方に帰属させる交渉である。このとき新たに徳川に従属した者に宛てた、所領の権益を認める本領安堵状《ほんりょうあんどじょう》がまとまって残っている。家康朱印状の形式で、家康朱印の下部に「（家康家臣名）

奉之《これをうけたまわる》」と、奉者《ほうじゃ》となった家臣の名が記される。奉者となった者は直政のほかに数名いるが、二百通以上が確認されている本領安堵状のうち直政を奉者とするものが六十七通ともっとも多い。

奉者となった直政が帰属交渉にどのようにかかわったのか、その実例が確認できる。直政が奉者となった安堵状を受け取ったひとりに加賀美《かがみ》右衛門尉《えもんのじょう》がいる。加賀美は天正十年十一月七日、新府《しんぷ》城で直政の取次によって家康へ御目見《おめみえ》してから朱印状を受け取ったという（『譜牒余録』）。新たに主従関係を結ぶ際には、主君の面前に出て臣下の礼をとる式を執り行う。その対面儀礼を設定し、加賀美を家康へ披露したのが直政であった。対面式にこぎつけるまでには、加賀美との間で協議を重ねてその帰属条件に合意するという手順を経ているはずであり、そのような実務的な協議も直政を責任者として行ったということになる。

直政は武田旧臣それぞれに対して徳川へ帰属するよう交渉を進めて味方を増やしていった。このときの直政の活動は、北条との戦いを勝利に導く上で地道ではあるが重要な仕事であったといえよう。

北条との和議交渉使者

天正壬午の乱では、直政へさらに重要な役割が与えられた。それは、北条との和睦交渉の使者である。

北条とのいくさは膠着状態となり、十月二十日ごろから和睦交渉が始まる。二十八日には双方の使者が対面して和睦条件を取り決めることとなった。北条方の使者は北条氏規《うじのり》（当主北条氏直の叔父）で、古くから徳川との交渉の取次を務めてきた人物である。それに対して、徳川方を代表して使者を務めたのが直政であった。この和睦では、甲斐・信濃は徳川、上野は北条と領地配分が取り決められたが、これらはすでに合意されていたようで、使者の協議にはのぼっていない。ここでは、和睦の意を誓約する起請文を北条氏政《うじまさ》（前当主）名義で提出するよう徳川方から要求したのに対し、北条はそれを了承するといった具体的な和睦条件について協議が行われた。その場で相手の提示した条件に可否を判断しなければならない重要な役割である。家康はそのような役割にそれまで政治・外交経験のない直政を抜擢した。

家康が直政を抜擢した一番の理由は井伊氏というネームバリューだろう。使者を務める者の格が高いほど相手に対して厚礼となる。また、双方の格をあわせることも大事である。直政が北条当主の叔父と釣り合う人物と判断されたということである。それは、使者を選ぶ徳川方で理解しているだけではなく、北条方がそのように判断する必要がある。今川氏の親族から戦国大名となった北条氏は、当然今川配下にあった国衆井伊氏のことも承知しているはずである。直政は井伊氏の後継者だからこそ、北条氏一門と対等に話ができる人物として和睦使者に選ばれたと考えられる。

それでも政治経験のない若者を使者とするのは不安がある。そこで家康は木俣守勝《きまたもりかつ》を副使として直政の補佐役につけた。守勝は三河岡崎の出身で、九歳のころより家康の元へ小姓として奉公していたが、十九歳の時に一家の者とトラブルがあり、岡崎を離れて明智光秀《あけちみつひで》に仕えていた。その後光秀の元で武功を挙げた守勝を家康は召し返し、直政へ付けた。甲斐出兵の時までには直政に付けられていたようで、直政を一人前の将に取り立てるにあたり家康とのパイプ役となる有能な補佐役を付けたということである。

「井伊衆」の復活

激動の天正十年（一五八二）を乗り切った徳川は、武田旧領の過半を手中に収めて五ヵ国を領する大大名へと成長した。これにあわせて軍事組織も増強させた。その一つに直政を大将とする旗本先手隊の新設がある。

当時の徳川の軍制は、三河国内の国衆・土豪を東西に分けて組織した従来型の二組に加え、直轄軍となる旗本先手隊が新設されていた。旗本先手隊は、家康の側近であった本多忠勝、榊原康政らを隊長に取り立て、新たに家臣となった者を与力・同心として付けたもので、家康の力で新たに組織された部隊といえる。家康の居城である浜松に常駐し、命令に素早く対応できる攻撃型の精鋭部隊として活躍した。井伊隊もこのような旗本先手隊として新たに創り出されたものである。

井伊隊の組織化には家康の意向が強く働いていた。まず、補佐役として三人の家康家臣が付けられた。天正壬午の乱の時点ですでに直政に付けられていた木俣守勝と、西郷正員《さいごうまさかず》・椋原正直《むくはらまさなお》である。両名とも三河出身で、西郷は徳川秀忠《ひでただ》（家康の跡継ぎ）の生母である西郷局《さいごうのつぼね》の同族、椋原は幼少期より家康に仕えていた人物である。直政が上野国箕輪《みのわ》城主になると両名は地域支配にたずさわっている。

軍事面で井伊隊の中枢を占めたのは、近藤・菅沼・鈴木の井伊谷三人衆である。彼らは徳川に臣従して以来、一緒に軍事行動を命じられており、一つの軍事組織を形成していた。小牧・長久手の合戦に出陣したとき三人衆は直政の備えに属するよう家康より命じられ、これ以降、軍事上は井伊隊の配下に入った。

このほか、家康は今川氏の配下にあった遠江、駿河、奥三河を本拠とする国衆の中からピックアップして井伊隊に付けた。奥三河の武節《ぶせつ》城主の河手良則《かわてよしのり》もその一人である。河手氏の本拠地は美濃・信濃との国境に近い奥三河の山間部であり、武田氏が南下してきたときには河手氏は降参していたが、天正三年の長篠の合戦に勝利して徳川が勢力を回復する中で徳川配下に戻ってきた。河手良則は直政の姉を妻とし、直政と姻戚関係を結んでいる。この縁組には河手氏を直政の義兄として直政配下に付属させようとする家康の狙いがあったと思われる。

人数的に多くを占めたのが旧武田家臣である。天正壬午の乱後に徳川に帰属した武田旧臣の数は、彼らが提出した起請文（「天正壬午甲信諸士起請文」）によると、二十八衆、総人数は八百人を超える。これだけ多くの新参家臣を受け入れるにあたり、武田時代の軍事組織が活用された。井伊隊には山県三郎兵衛《やまがたさぶろうべえ》衆・土屋惣蔵《つちやそうぞう》衆・原隼人《はらはやと》衆・一条《いちじょう》右衛門《えもん》衆の四衆が付けられた。山県・土屋・原・一条はいずれも武田信玄の重臣で軍事部隊を率いた侍大将《さむらいだいしょう》である。武田では、在地に根ざした中小の侍を彼らの配下に付けて軍事組織を形成していた。四名の侍大将はすでに命を落としていたが、その組織を生かして四衆を井伊の新設部隊に組み入れたということである。起請文には四衆あわせると二百人以上の名があり、それだけの新規徳川家臣が井伊隊に同心として付けられたことになる。

このとき、井伊隊では武田の軍法を継承している。「井伊家軍記」「正諫記」などの標題を持つ井伊家の軍法書に記される逸話には、家康が石原主膳《いしはらしゅぜん》・孕石備前《はらみいしびぜん》・広瀬左馬助《ひろせさまのすけ》を呼び出し、軍法を定めて直政に伝えるようにと命じたため、三名は天正十一年一月十一日から二月二十八日まで毎日寄合して作成して家康へ提出したところ、家康はそれを手直しして直政に下したとある。史料ごとに武田旧臣の名や人数が異なるため、家康とのやりとりについては後世の創作かもしれないが、武田旧臣によってまとめられた軍法が井伊隊の根幹となった逸話と理解することができる。

井伊隊へ受け継がれた軍法を象徴するのが赤備《あかぞな》えである。赤備えとは、朱色の具足で統一する軍装であるが、井伊家では旗指物《はたさしもの》、鞍や鐙、馬の鞭などもすべて赤で統一した。武田家中で弓矢に優れたと評判の飯富兵部《おぶひょうぶ》（山県三郎兵衛の兄）が赤備えであったと聞いた家康が、井伊の備えもこれに倣うように命じたと伝わる。

井伊隊の初陣

井伊隊への最初の出陣命令は、隊が組織されて間もない天正十一年（一五八三）一月に行われている。天正十年十月の北条との和睦交渉では、徳川に味方した信濃国佐久《さく》郡の有力国衆依田信蕃《よだのぶしげ》の処遇については保留となっており、その後も佐久郡での北条と依田の戦いは続いていた。そこで家康は佐久へ援軍を送ったが、その一つに井伊隊の派兵があった。家康は一月十二日に直政へ書状を出し、木俣守勝か誰かに同心を率いさせて高遠口《たかとおぐち》へ軍勢を出すよう命じている（「木俣清左衛門家文書」彦根城博物館所蔵）。徳川方の支配下にあった高遠から戦闘地域である佐久へ入るルートを守衛するための兵を出させたのである。新たに服属した者に対してすぐに軍役を課して臣従の意を行動で示させようとするのは定石であり、そのような考えのもとで武田旧臣へ出兵を命じたのであろう。

侍大将となった直政みずからが全軍を率いて初めて出陣したのは、天正十二年の小牧・長久手の戦いのことであった。織田信雄《おだのぶかつ》（信長の二男）が豊臣秀吉《とよとみひでよし》と対立し、家康と結んだことで合戦となった。小牧山城（愛知県小牧市）に入った家康と、犬山城に着陣した秀吉の間でしばらくの間はにらみ合いが続いていたが、秀吉甥の三好秀次《みよしひでつぐ》を大将とする別働隊が家康の本拠地である三河方面へ向かうと、これを察知した家康は小牧山を出て彼らを追撃し、長久手で彼らを急襲した。井伊隊は家康旗本隊の先鋒に位置し、敵を追撃する。敵を目の前にして地形をもとに進軍ルートを進言したのは井伊谷三人衆の近藤秀用らであった。実戦経験が豊富で戦闘能力の高い者で占められた井伊隊は、敵の大将池《いけ》田《だ》恒興《つねおき》・森長可《もりながよし》を討ち取る大勝に終わり、井伊隊の名は赤備えとともに知られることとなった。豊臣方の侍は、井伊隊の戦いぶりをみて「赤鬼」と称したという。

図5　長久手古戦場　井伊隊は高台に布陣して鉄砲を撃ち下ろし，池田恒興・森長可を討ち取る勝利を得た．

徳川一門衆としての待遇

軍制上は旗本先手隊の隊長となった直政であるが、一方で榊原康政ら先輩諸将とは異なる特別な待遇を受けていた。

その一つに婚姻関係がある。直政は、天正十一年（一五八三）一月に松平康親《やすちか》（松井忠次）の娘と祝言を挙げた。彼女は家康の養女として直政に嫁いでいる。つまり、この婚姻によって直政は家康の聟《むこ》となったことになる。家康が養女を嫁がせて親族関係を結ぶ手法は秀吉死去後の政治動向で多く見られるが、浜松時代にはほかに例がなく、直政は異例の待遇を受けたといえる。この処遇は、前年の「兵部少輔」への改称、天正壬午の乱の和議交渉使者への抜擢、旗本先手隊長への取り立てと一連のものとみてよいだろう。天正壬午の乱の和議交渉では、北条側の使者である当主の叔父と直政が釣り合う格式に扱われており、この時点で一家臣以上に処遇されていた。天正十年は武田への出兵に始まり、上洛、本能寺の変、天正壬午の乱と慌ただしかったため、祝言は一段落してからとなったが、その方向性は同年の早い段階までに決定していたのではないだろうか。

ではなぜ、直政は徳川の親族として処遇されたのであろう。理由の一つはその家柄にある。今川氏配下の時代には、井伊と徳川はともに有力国衆という対等な関係にあった。家康家臣の中で井伊のみが徳川に並び立つ家柄といえる。さらに先祖をさかのぼれば井伊氏の方がはるかに名門であり、周辺諸国からも知られた存在であった。

その上で、当時の徳川には当主の名代を務められる一門が不在だったことが要因として挙げられる。多くの戦国大名では兄弟・息子や親族ら一門衆が家臣団の最上層を占め、主要な軍事力を担った。また、近親として当主を補佐し、他大名との交渉を担うこともあった。ところが当時の家康にはこのような一門衆はいなかった。家康の親族には、母の実家の水野氏、異父弟の久松松平氏、娘の嫁ぎ先である奥平氏などがあったが、いずれも家臣団の最上層に位置づけられる家柄ではない。一時的に徳川に一門衆が存在したといえるのは、家康長男の信康《のぶやす》である。しかし、武田への内通を疑われてすでに命を落としていた。

家康は、徳川と同等の家格にある直政を親族とすることで実質的に一門衆の役割を果たす立場に取り立てたと考えられる。信康が存命であれば事情が異なり、直政をそこまで取り立てることはなかったかもしれない。また、世は隣国との境目争いの戦国時代から、信長・秀吉による全国政権樹立へと向かっており、大名はそれまで以上に軍事力に加えて高度な政治交渉を必要とした。このような状況にあって家康は自らの名代を務めて対外的な政治交渉を担う人物を必要とし、直政を一門衆並みとすることでその任に当たらせようとしたと考えられる。

家康が豊臣政権の中に組み込まれ、政権や諸大名と交際するようになると、直政の活躍の場が増えていった。このときの直政の動向は徳川の一門衆とみると理解しやすい。

大名並みの官位

小牧・長久手の戦いは、個別の合戦では徳川方が勝利したが、全体としては両者のにらみ合いが続き、天下を掌握しつつある秀吉に家康が臣従する形での和睦となる。その政治かけひきの一環として秀吉は妹の旭姫《あさひ》を家康のもとに嫁がせ、さらに母の大政所《おおまんどころ》を人質として岡崎に送って家康を上洛させた。旭姫が浜松へ到着して婚礼の式を挙げたのが天正十四年（一五八六）五月のことであり、この直後に家康は従三位《じゅさんみ》・参議《さんぎ》の官位を授かった。豊臣政権では、配下に入った大名やその重臣を序列化するために公家社会の官位を授けており、家康への官位授与もその一環である。

このとき、家康家臣でただ一人、直政だけが同時に官位を授かっている。家康の従三位・参議授与と同日付で直政を「修理大夫《しゅりだゆう》」に任じる口宣案《くぜんあん》の写しが「彦根藩井伊家文書」や「勧修寺家文書」に伝わる。ただし、直政はそれまで称していた「兵部少輔」を終生用いており、「修理大夫」は辞退した可能性がある。その詳細は不明であるが、豊臣政権と家康との政治的なかけひきの結果、直政への官位授与と辞退が行われたのではないだろうか。

ついで、天正十五年八月、家康の上洛に随従した直政は侍従に任官される。「院中御湯殿上日記」（遠藤珠紀、二〇一七）には、八月九日に任官御礼のため家康とともに直政が参内《さんだい》したと記される。豊臣政権では、侍従以上が「公《く》家成《げなり》」と称され、政権を構成する有力大名に位置づけられた。「公家成」とは、公家社会での「公家」つまり昇殿を許された「殿上人《てんじょうびと》」の格式を得たことを意味する。直政はそのような格式を得たことで、翌年四月に行われた後《ご》陽成《ようぜい》天皇の聚楽行幸《じゅらくぎょうこう》では侍従の官位を持つ有力大名の列に加わり、起請文に署名している。同じ侍従の中には前田《まえだ》利家《としいえ》の嫡子である利長《としなが》の名もある。直政も徳川一門として侍従に列することで、政権内で双璧をなす家康と利家の勢力バランスをはかるよう考慮されたかもしれない。

これにより、直政は豊臣政権内で大名と同格となり、その立場に基づいて政権や諸大名、公家らと交際した。これは他の徳川家臣ではできないことであった。その一例として、徳川秀忠（家康三男）の上洛供奉がある。天正十八年一月、小田原出兵を前にして家康は跡継ぎの秀忠を上洛させることで秀吉への服属を示した。随行した家臣のほとんどが日常的に秀忠の傍らにいた側近である中、直政も同行している。秀吉との対面儀礼をはじめ、諸大名や公家と交際する場で若い秀忠を先導して同席し、時には行動・所作について指南できる者は、大名並みに処遇されている直政以外にはいない。

小田原の陣での戦果

豊臣政権は全国統一の最終段階として関東と東北へ出兵する。天正十八年（一五九〇）には、臣従した多くの大名を動員し、強大な軍事力をもって小田原の北条氏に向けて出陣した。徳川は東海道の先鋒を命じられ、酒井家次《いえつぐ》・本多忠勝・榊原康政・平岩親吉《ひらいわちかよし》・鳥居元忠《とりいもとただ》・大久保忠世《おおくぼただよ》・井伊直政が侍大将として出陣した。

徳川勢は小田原城の東方に布陣し、井伊隊は家康本陣より浜側にある東海道沿いの山王原《さんのうばら》に布陣する。その正面には出丸《でまる》である篠曲輪《ささぐるわ》があった。小田原城攻めではほとんど戦闘がない中で、ほぼ唯一の戦闘といえるのが六月二十二日、井伊隊による篠曲輪への夜襲である。井伊隊は篠曲輪を落として旗を建てたが、北条方が城中から出てきて防戦し、それ以上攻め入ることはできず退いた。ただ、ここで曲輪を落とし、敵兵を討つという戦果を挙げたことは大きかった。翌日、一番首を挙げた直政配下の近藤季用《すえもち》と長野《ながの》業実《なりざね》は秀吉の面前で褒美を賜わっている。長久手での勝利に続き、井伊隊の武名は豊臣政権内に広く知られることになった。

豊臣政権は北条氏を滅ぼすと、その旧領である関東への国替えを徳川家康に命じた。このことは家康にとってもその家臣たちにとっても、先祖以来の領地を離れることを意味する。直政も遠江を離れ、上野国箕輪《みのわ》城主となった。直政が箕輪で新たに得た領地は十二万石である。この知行高は家康家臣のうち最高であり、直政は家康家臣のトップに躍り出たこととなる。もっとも、豊臣政権内での官位序列でみると直政はすでに筆頭に位置しており、この序列が石高に反映されたといえる。また、直政を北関東の要衝の地である箕輪に配することも秀吉の意向を反映したものであった。この後、豊臣政権は奥州へ兵を向けようとしており、奥州に対する押さえとなるような軍事配置をするよう秀吉は望んでいた。直政が箕輪城主となったことを聞いた秀吉は「満足に思う」旨を記した朱印状（彦

図６　山王川と篠曲輪周辺　篠曲輪は小田原城外郭の山王口の外に築かれた出丸．井伊隊は山王川を渡り篠曲輪を夜襲して落とした．

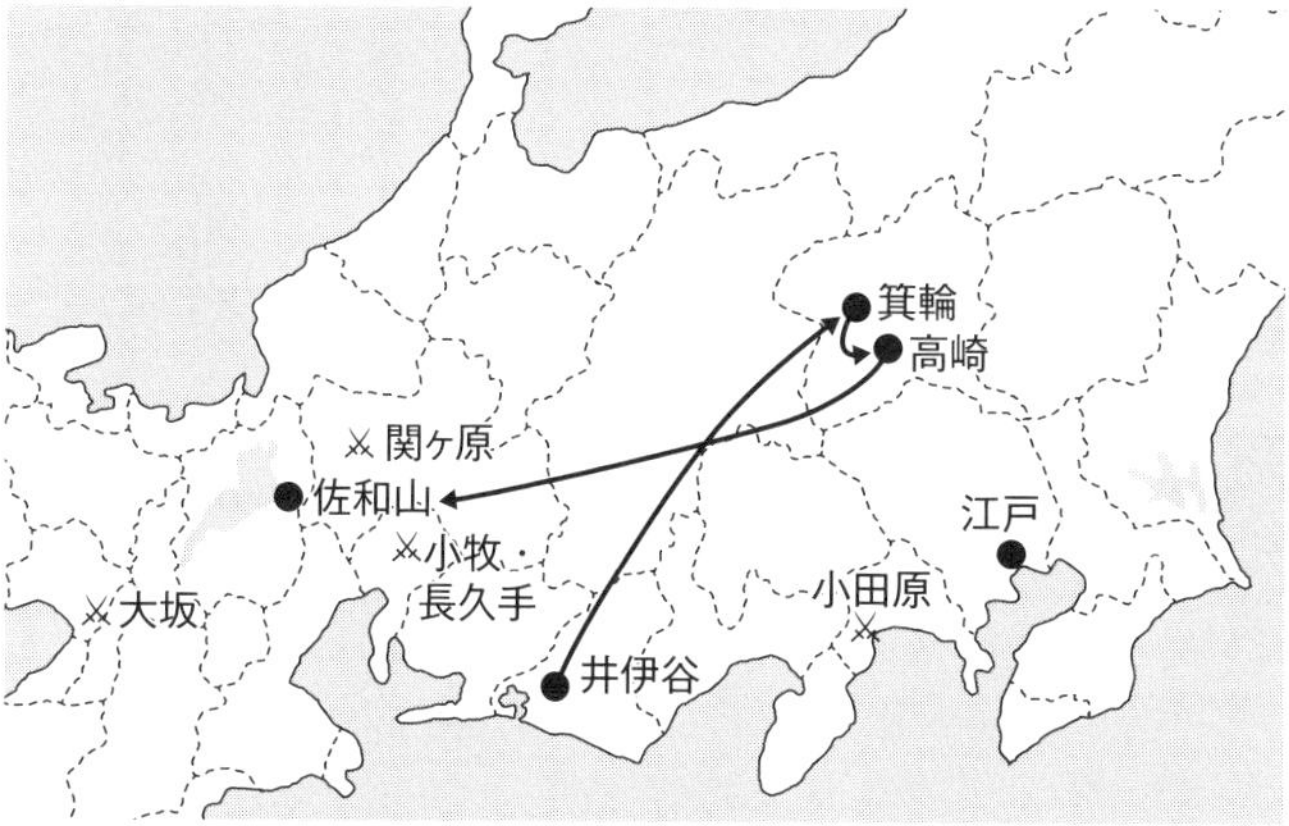

図７　井伊家の居城の変遷　『新修彦根市史』10巻より

根藩井伊家文書）を直政へ送っており、その期待に応えたことがわかる。

徳川の関東入部により、本多忠勝と榊原康政は直政に次ぐ十万石の領地を得た。この三名が知行高で突出しており、彼らが政務・軍事両面で徳川の中核を担う宿老に位置づけられたことになる。

家康の三宿老体制

関東入部後の軍制では、在京することになった家康を護衛するため五つの部隊が交代で上洛するという役が新たに課せられた。直政・本多・榊原に平岩親吉・石川康通《いしかわやすみち》を加えた五組の組番が編成され、各組が半年ごとに交代して手勢を率いて上洛した。直政と本多・榊原の間に特段の格差は設けられておらず、均等に軍役を務めていたことがわかる。

また、豊臣政権から徳川へ軍事出動が命じられると、この三名が率いる部隊が中核となって出陣している。奥州大崎・葛西一揆へは榊原康政隊が出兵し、朝鮮出兵では本多忠勝隊が肥前名護屋城に出兵した家康に随行した。井伊隊は、天正十九年（一五九一）に九戸《くのへ》城（岩手県二戸市）へ出兵している。これは、奥州南部氏の一族内の対立から九戸政実《まさざね》が挙兵したもので、豊臣政権より豊臣秀次を総大将とする軍勢が派遣され、徳川へも出兵が命じられた。このとき直政は蒲生氏郷《がもううじさと》・浅野長政《あさのながまさ》・堀尾吉晴《ほりおよしはる》ら豊臣諸将と軍事行動を共にして九戸城を落とした。会津若松城主となった蒲生氏郷と浅野長政は政権における奥州統治の責任者ともいえる人物で、総大将豊臣秀次の重臣である堀尾吉晴と徳川の重臣である直政が加勢のため出兵したという構図である。ここで直政は豊臣諸将と同列の立場で行動し、戦後処理では四名が連名して現地への命令書を出している（「地下百姓帰住布達文」もりおか歴史文化館所蔵）。

このように、軍事出動では井伊・本多・榊原の部隊は交代で出兵しており、この三名の役割に大きな差は見出せない。強いてあげるなら、小田原の陣の吉例により榊原康政が先手《さきて》を務めることになっており、関ヶ原合戦の前の会津出兵でもその通りであった。それに対し、直政は豊臣諸将と行動を共にする機会が多い。これは軍勢配備上の違いであって、軍事上の負担に差がつけられたわけではない。この後関ヶ原合戦後までの約十年間は、この三名が家康の宿老として活躍し、家康の天下取りを支えたといえる。

3 家康の天下取りを支えて

徳川家康にとって天下取りの正念場となったのは、豊臣秀吉が死去した慶長三年(一五九八)八月から関ヶ原合戦で勝利するまでの約二年間であった。その間、井伊直政は家康の宿老の一人として諸大名との交渉に尽力し、徳川に味方する勢力を増やしてその勝利へ貢献した。

黒田如水・長政との盟約

秀吉の死後、豊臣政権は家康を含む五大老と石田《いしだ》三成《みつなり》ら五奉行により政務が執られた。その最初の課題となったのは朝鮮半島へ派兵していた諸将を撤退させることであり、家康は豊臣政権の大老としてその問題に取り組んだ。撤兵問題が一段落して慶長四年一月に豊臣秀頼と前田利家が大坂城へ移るまでは、及ばずながらも五大老による合議政治が働いていたとされている。

しかし一方で、家康はすでに慶長三年のうちから諸大名との間で新たな関係を築きはじめている。伊達《だて》政宗《まさむね》・福《ふく》島正則《しままさのり》・蜂須賀《はちすか》家政《いえまさ》と婚姻を結んだことは、秀吉生前に結んだ誓約に反するとして糾弾され、騒動へ発展したことで知られている。そのほか、関ヶ原合戦を勝利に導いたともいえる重要な盟約関係がこのころ結ばれた。

それは、黒田《くろだ》如水《じょすい》・長政《ながまさ》父子との盟約である。朝鮮からの撤兵命令を受けて上洛の途についた如水は家康・直政と書状を交わし、十一月二十五日までに伏見で家康と対面した。翌月には直政と黒田長政が起請文を交わしている(福岡市博物館編『黒田家文書』一巻二一二—二号)。

長政からの起請文は

一、家康へ別段の御意を得た上は、直政へ表裏（うそ偽り）・ぬき公事（ごまかし）をしない。

一、直政からどのようなことを聞かされても、ほかの者へそれを言わない。

一、直政のことを疎略に思わない。

という三ヵ条である。

冒頭に「家康へ別段の御意を得た」とあり、豊臣政権内の大名同士という関係を超えて、徳川家康と黒田父子が特別に親密な関係を結び、今後の政局の中でも味方することを約束したことがわかる。家康と如水によるトップ会談で友好関係を結ぶという基本合意がなされ、それを受けて直政と長政の間で具体的な交渉が行われたのであろう。

黒田氏との盟約は、慶長四年年始からの緊迫した情勢の中で早くも効果をあらわした。一月十日、豊臣秀頼が大坂城へ移ると、付き従った奉行らの間で反家康の動きが出てくる。家康が伊達政宗らと私に婚姻関係を結んだことが問題とされたのである。一月二十一日には中老の生駒親正《いこまちかまさ》らが家康のもとに遣わされ、これを糾弾した。また、石田三成が家康を襲うとの噂も飛び交った。このとき黒田長政が率先して家康の屋敷を警固し、細川忠興《ほそかわただおき》・加藤清《かとうきよ》正《まさ》ら豊臣諸将も行動を共にした。これに直政が関与していたと考えられる。一月二十三日付で直政が長政に宛てた書状（『黒田家文書』一巻二六号）には、前日に長政が伝えてきた件は家康の耳に入れたのでこのあと長政と藤堂高虎《とうどうたかとら》に対面して相談したいと記す。時期から考えて、このときの相談は家康を糾弾しようとする奉行衆への対処に関するものであることはまちがいない。黒田からの提案を受け、家康の了解を取り付けた上で、直政と長政・高虎が協議して豊臣諸将が兵を出して家康屋敷を護衛する作戦を実施したのであろう。この行動は徳川へ味方する勢力の大きさを示すことになり、家康を批難しようとする大坂の奉行衆の機先を制することとなった。その結果、家康に対する糾弾は実質的に不問とされ、家康は政治上のダメージを受けることなく終わった。また、豊臣諸将と家康が連携して大坂の奉行衆と対峙するという関ヶ原合戦での構図がこのときに生まれたことも注目すべきであろう。この構図を生み出したのが黒田父子との盟約であった。

家康の名代として最前線へ

関ヶ原合戦の重要な局面でも、直政と黒田長政が登場する。その一つは石田三成の挙兵を聞いた家康が、下野国小山《おやま》で引き返すことを決めた段階である。一般に「小山の評定」として知られる。近年、小山の評定が史実かどうか議論されているが、慶長五年（一六〇〇）七月、会津の上杉氏に向けて進軍していた徳川勢や豊臣諸将の兵を引き返す決定がこの地で行われたのはまちがいない。七月二十五日ごろから軍勢が上方へ向けて小山を出立しはじめているからである。このとき小山で決定した方針とは、豊臣恩顧の諸将が先行して東海道を西上し、家康もそれを追って清洲《きよす》周辺で合流、徳川秀忠を大将とする徳川の主力部隊は宇都宮周辺で上杉方に対する防衛を整えた上で東山道を上る、という三手に分かれて尾張・美濃方面へ向かい、合流して揃って敵に向かうというものであった。ただし、この作戦は、三成と大谷吉継《おおたによしつぐ》が挙兵したという情報をもとに立てられたものであり、大坂城の奉行や毛利《もうり》輝元《てるもと》がその味方に付いたことまでは家康は承知していなかった。諸将が動き出したあとで「内府ちがいの条々」が出されて豊臣政権が家康を敵としたことを知り、家康は軍事方針を変更せざるを得なくなった。家康に味方すれば秀頼に弓を引くことになるので、諸将がこのまま家康に味方するという確証を得られなくなったためである。

そこで、西上していた黒田長政が呼び戻され、家康との協議が行われた。家康にとって最大の懸念材料は秀吉子飼いの福島正則らが大坂方に付かないかという点であり、長政が彼らを離反させないということを確約した。さらにこの会談で重要な方針転換が決定されたと考えられる。それは家康の不出馬である。八月四日付で家康は豊臣諸将それぞれへ「先手として井伊直政を遣わすので、家康出馬以前は直政の指図に従うように」という内容の書状を送っている。前日まで家康は諸将への書状で近日上洛すると述べており、三日の会談で名代として直政を遣わし、みずからの軍事指揮権を直政に委任するという方針へと変更したことがわかる。

この協議結果を受けて、直政は手勢を率いて西上し、清洲城で豊臣諸将と合流すると、八月二十一日からの岐阜城攻めが開始された。岐阜城攻めの決定については、家康からの使者の村越茂介《むらこしもすけ》が「諸将が手出しをしないから家康は出陣しない」と諸将を挑発したため、即時の攻撃を決定したという逸話が知られる。実際には、使者村越がもたらした家康書状に「諸将で相談して」とあることから、まず諸将たちだけで相談して岐阜城を攻撃するという方針を定め、直政がそれを承認するという段階を踏んだことであろう。さらに、進軍計画を協議したときには福島正則と池田《いけだ》輝政《てるまさ》がともに先鋒を主張して譲らなかったため、直政らが仲裁して両者の面目を施す案を提示して収まった。

岐阜城攻めでは、井伊隊も瑞龍寺山砦《ずいりゅうじやまとりで》に搦手《からめて》より乗り込んでおり、城攻めの一端を担ったが、戦闘の主力部隊は豊臣諸将であった。直政は戦況全体を把握して毎日それを江戸の家康に報告した。さらに、大津城で籠城する京極《きょうごく》高次《たかつぐ》は戦況を直政に伝え、そこから家康へ報告されるなど、直政は最前線に駐留する徳川の責任者という機能をもっていた。そのため、東山道を進軍している秀忠隊とも書状を交わして情報交換をしている。このように敵味方が不確実な状況にあって家康は江戸にとどまり、直政がその代わりに最前線に出向いた。岐阜城攻めにより豊臣諸将がまとまって味方することが確認できると、家康はすぐに江戸を出立して彼らが戦う美濃方面へ向かった。

岐阜城攻めは、ともすると豊臣諸将の連合軍となりかねなかったところ、家康の軍事指揮権を委任された直政が派遣されたことにより、家康が統率する軍事行動という性格を保持できたといえる。豊臣諸将をとりまとめ、離反を招かずに関ヶ原の決戦に至ったのは、直政ただ一人の功績ではないにしろ、その手腕は十分評価されるべきであろう。

開戦の決断

岐阜城を攻め落とした直政と諸将は、石田三成の入る大垣城近くの赤坂に陣を置いた。一方、家康は九月一日に江戸を出立して十日に熱田へ到着すると、十一日・十二日は清洲に滞在する。ここで戦況の報告を受けて今後の戦略を決定し、十四日に諸将の待つ赤坂へ入り翌朝から関ヶ原での決戦を迎えた。

清洲での軍議では、小山でとり決められていた方針を変更する決定がなされている。それは東山道を進軍している秀忠隊を待たずに開戦するということである。「関原軍記大成」には、十一日に家康のもとに召された直政は、家康の到着を待ちあぐねている諸将の状況を説明し、即時赤坂に着陣するよう提案したと記す。この史料は後世に創られた軍記物であるためそのまま信用することはできないが、家康家臣で現地の状況をもっともよく把握しているのは直政であり、その意見が軍議でも重視されたことであろう。このとき赤坂にいた徳川の軍勢は実質的に井伊隊のみであり、即時開戦となれば徳川本隊不在のまま戦うことになり、この合戦における徳川の影響力が低くなる。直政は当然、このまま決戦に臨むことの意味を理解しているが、一方で日々諸将と行動を共にし、彼らの状況もよく把握している。岐阜城を予想以上の勢いで落とした後、大垣城にいる敵を目の前にして留め置かれた状態になっていた彼らは、家康到着後もなお決戦に踏み切らないのであれば家康から離反して単独で大垣城を攻撃しかねない。直政はそのように考え、即時開戦の決断を家康に促したと思われる。

このように考えると、九月十五日の開戦時に井伊隊が一番槍を入れるという行動をとった意味も理解できる。この日は福島正則隊が先鋒を担うことになっていたが、家康四男の松平忠吉《ただよし》（直政の娘聟）を伴った直政が福島隊の前に出て抜け駆けし、開戦の火蓋を切った。しかしその行動は、抜け駆けとよべないほどに控えめなもので、霧の中での偶発的な遭遇戦という形をとっていたという。福島隊の先陣を侵犯したという非難を回避する一方で、徳川家の者が関ヶ原において一番槍を入れたという実績を残すことになり、熟慮した上での行動といえる。徳川本隊不在の決戦を唱えた直政が自分自身の手でその戦略上の弱点を克服しようとして、このような行動をとったのではないかと考えられる。

合戦後の和議交渉

関ヶ原での合戦はその日のうちに決着がつき、石田三成の居城である佐和山も落とすと、豊臣諸将らは大坂城を目指した。大坂城には五大老の一人、毛利輝元が総大将として入っていた。黒田長政らとの交渉により輝元は大坂城を退去する意向を示したため和議交渉に入り、黒田ら豊臣五将との間で起請文を交わして輝元は大坂城を退去した。

退去時に五将が発した起請文(「毛利家文書」毛利博物館所蔵)の第一条には「井伊兵部少輔(直政)・本多中務大輔(忠勝)の誓紙、いささかも偽りこれ無き事」とある。なぜここで直政の名前が出てくるのだろう。

井伊・本多の誓紙とは、九月十四日に毛利一門の吉川広家《きっかわひろいえ》・福原広俊《ふくはらひろとし》との間で交わした起請文(「毛利家文書」)のことである。このとき吉川と福原は、大坂方として大垣城の近くに布陣していた。しかし石田三成が挙兵したことを知った早い段階から、黒田長政が吉川広家と交渉して毛利一門を徳川方の味方につける交渉をしており、すでに八月八日の段階で、毛利輝元が大坂方の大将に擁立されたのは安国寺恵瓊《あんこくじえけい》一人の才覚によるもので、輝元の考えではないという広家の主張を家康は承認していた。このような長政による対毛利の交渉は、当然徳川方の指示により行われたものであり、長政は直政と相談しながら進めたと思われる。

九月十四日の起請文は決戦を目前に控えて交わされたもので、毛利方から「輝元が家康に味方する」と誓ったのを受けて、直政・忠勝は家康への忠節が確認できれば輝元の領地を保証することを約束した。その結果、敵方として布陣していた吉川隊は十五日の合戦で軍勢を動かさず、実質的に徳川方に味方したことになった。直政と長政による交渉の結果、敵の兵力を削減することに成功し、合戦の勝利につながったのである。

合戦前にこのような起請文が交わされていたため、戦後の講和ではその誓約内容に基づき交渉が進められた。交渉は引き続き長政と直政が担った。ところが、和議がほぼまとまったところで、実は輝元が大将に祭り上げられただけでなく積極的に書状を発し、実質的に敵方として行動していたことが判明した。これにより九月十四日の誓約の前提が崩れたため、和議は撤回されることになった。そこで、家康は輝元の領地を召し上げてその領国のうち周防・長門の二国を吉川広家に下すと内定し、直政が広家を呼び出してその旨を申し渡したところ、広家は何としても毛利本家を存続させてほしいと嘆願した。この願いは聞き届けられ、家康からの起請文で毛利輝元・秀就父子へ両国を安堵すると伝えられた。直政がこれを保証する起請文を差し出すと、輝元からも直政へ起請文を出し、このたびの取りなしに礼を述べるとともに、今後は直政に諸事を頼むので指南に預かりたいとし、直政からの指図に従うと誓約した。

輝元は敵方の大将として実質的に働いていながら、本領の一部を安堵された。一旦下された判断をくつがえし、毛利本家が存続できたのは、吉川広家による嘆願の結果ではあるが、その嘆願を受け入れて家康に認めさせたのは直政であった。

真田昌幸の助命

関ヶ原の戦後処理で、直政が家康の下した判断をくつがえさせた事例は他にもある。真田《さなだ》昌幸《まさゆき》の助命である。

真田昌幸は徳川勢がもっとも苦しめられた武将である。関ヶ原合戦の直前、長男の真田信幸《のぶゆき》は会津出兵する家康のもとに参陣したが、父昌幸は石田三成の誘いに応じて上田城に籠もり、東山道を西上する徳川秀忠勢を足止めした。それにより関ヶ原の本戦では徳川本隊が不在のまま開戦せざるを得ない状況となり、戦後のパワーバランスに影響を与えることとなった。そのため、家康は敗軍方の将である昌幸の命を奪う処罰を下そうとした。

それを知った信幸は直政に対してなんとかして父の命を助けるよう嘆願した。それを受けた直政は、家康に詳細を知らせず信幸が家康の面前に出て訴える場を設定する。信幸が家康に対面して父の助命を言上したところ、家康が返事をするよりも先に傍らに控えていた直政が「昌幸の命を助ける」と回答してしまった。家康は昌幸の助命嘆願を受け入れるつもりはなかったためたいそう立腹したが、直政は「信幸は父と別れて家康に忠義を尽くした。信幸は、もし昌幸の命を奪えばどのような恩賞を得ても生きている甲斐はないと訴えている。そのうえ、自分（直政）も頼まれたことが認められないとなると家康への奉公が続けられない」と、自分の進退を懸けて家康を説得した（米山一政編『真田家文書』中巻五）。訴えてきている者にとって何が最良の恩賞かを判断し、それを与えることによって相手はさらに忠義を尽くすであろうし、それが結局は徳川のためになるという発想である。つまり、直政は家康の個人的な感情よりも徳川の組織にとって何が有益となるかを考えて政策判断したということであり、さらにそれを家康に実行させるだけの交渉術を備えていた。

家康は大坂城へ入るとまもなく、直政と本多忠勝・榊原康政に対し、諸将の軍功を調査・記録させ、天下の政務を議するよう命じている。この三名が敗軍方との和議交渉、勝者方への論功行賞とも実行する責任者であったということである。その中でも、直政は出陣中には徳川の最前線にあって諸大名と交渉しており、戦後も同様、有力大名との交渉を一手に引き受けていた。

佐和山城主

関ヶ原合戦の論功行賞は、慶長六年（一六〇一）一月に徳川家臣の領地替えが公表されたことで一段落する。直政には石田三成の領地であった近江佐和山《さわやま》城が下され、領地は十八万石に加増された。

佐和山は古くからこの地域の軍事・政治の拠点という性格があった。京・近江から美濃方面へ向かう東山道と北陸へ向かう北国街道との分岐点にあたり、交通上の要所といえる。琵琶湖の水運を使えば一日で京都へ到着できる軍事上の拠点でもあった。関ヶ原合戦後、井伊家がここに配されたのも、このような地域的重要性が考慮されてのことである。

関ヶ原合戦後の勢力配置を見ると、徳川の領地は関東から畿内周辺にまで及んだが、福島正則ら秀吉子飼いの大名で徳川に味方した者のほとんどは新たに西国に領地を与えられた。一方で、彼らの主君である豊臣秀頼は依然として大坂城にいて、豊臣政権の継承者として勢力をもっており、関ヶ原合戦で敵対した毛利氏や島津氏も領地は減らされたものの有力大名として命脈を保っているという状態であった。他方、京都には朝廷・公家や寺社勢力もおり、伝統的な権威を保持していた。このような勢力配置を考えると、東国から畿内への入り口にあたる近江が徳川方の最前線として軍事的にも政治的にも重要と判断され、その街道上の拠点である佐和山に井伊家を置くという策がとられたと理解できる。

図８　佐和山城跡

直政自身は慶長六年三月ごろに佐和山に入った。実は直政は、合戦前から足の付け根が痙攣をおこす病気を患っており、一時期は馬にも乗れない状態となっていた。さらに合戦で島津隊を追撃した時に腕を鉄砲で撃たれている。それでも戦後処理には中心的な存在として従事し、それがほぼ落着して残すは島津氏を上洛させるのみとなった段階で家康のもとを離れて佐和山へ入った。佐和山では、新たな領地支配を主導し、合戦の論功行賞をして家臣へ恩賞を与える仕事も残っていた。しかし、帰国後まもなく伊豆へ湯治に出かけており、体調が悪化していたことがわかる。佐和山に戻ると、居城を移して新たな本拠地を建設する計画を本格化させ、城地の選定に入ったが、よほど体調が優れなかったのであろう、十二月には再び湯治のため有馬温泉に出かけている。結局、体調が回復することはなく、慶長七年二月一日、佐和山城にて死去した。四十二歳であった。死去の半月前に相良《さがら》長毎《ながつね》へ宛てた書状では、自身が主導した島津氏との和議交渉の進展を気にかけており、直政は最後まで政治復帰へ意欲をみせていたことがうかがえる（「相良家文書」慶應義塾図書館所蔵）。

直政は、軍事上は主要な一部隊を率いる大将であった一方、政治交渉では家康の片腕ともいえる存在であった。秀吉死去から関ヶ原で勝利にいたるまでの重要な局面で主要大名との交渉を担った直政は、『寛永諸家系図伝』などで「開国の元勲《げんくん》」と評されている。まさに身を砕いて家康に天下を取らせたといえるだろう。

コラム―1

井伊家当主の「三種の神器」

「三種の神器《じんぎ》」といえば、皇位のしるしの品で、即位した天皇が継承する三つの宝物である。これと同様、当主に就くと家代々の宝物を受け継ぐ場合がある。戦国大名では、甲斐の武田氏が始祖以来の家宝として「御旗《みはた》」と「楯無《たてなし》の鎧《よろい》」を相伝したのが知られている。

井伊家にも、当主を継承するとともに受け継ぐ三品があった。その品を書き上げた目録が現存している（図9）。そこには

御拝領　唐頭毛御立物
御麾
御軍扇

と列記されている。

「唐頭毛御立物」とは、「唐《から》の頭《かしら》」と呼ばれた毛を素材とする「立物《たてもの》」（兜につける装飾）のことである。雨露を防ぎ、威嚇効果もあることから、兜に動物の毛をかぶせることが戦国大名の間で流行した。その毛に使われたのがチベット高原に生息する犛牛《ヤク》の毛で、中国からもたらされたことから「唐の頭」と呼ばれた。家康がこれを好んだのは「家康に過ぎたるものが二つあり、唐の頭と本多平八」と謳われたことからも知られる。

この目録では、唐の頭の右肩に「御拝領」と記される。明治時代の記録にはこの唐の頭は徳川家康からの拝

御拝領
唐頭毛御立物
御麾
御軍扇
以上

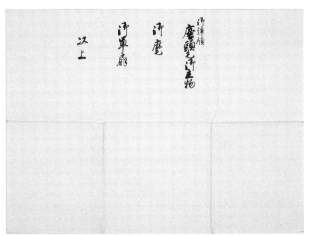

図9　井伊家歴代相伝品目録　彦根城博物館所蔵

領品であるという記載があり、井伊家重代の宝物とされたことから考えても、井伊直政が家康から拝領した品でまちがいないだろう。麾《さい》と軍扇《ぐんせん》も部隊を指揮するための道具であり、これらの三品は家康の肝いりで組織した「井伊の赤備え」軍団を象徴する品として井伊家当主に受け継がれたものと考えられる。井伊家では新たに当主に就くと大将タイプの甲冑を制作しており、これらはその付属品として具足櫃《ぐそくびつ》に入れられ、代替わりするたびに新当主の具足櫃へと移されて受け継がれてきた。十三代直弼の具足櫃に収められた収納品リスト「御具足入記」には、この三品の記載の横に、万延元年（一八六〇）五月にお譲りになったという加筆があり、十四代直憲の当主就任に伴いその具足櫃へ移されたことがわかる。

　井伊家の部隊は、徳川家康が井伊直政のもとへ家臣や与力を付けることで生み出された軍事組織である。この三品は家康の意向で組織された部隊の大将を象徴する品といえる。それを自身の甲冑の一部とした井伊家歴代当主は、直政が家康から授かった役割と思いを自らのものとし、受け継ぐべき立場を強く意識したことであろう。

二　大老の家の始まり

家の礎を築いた二代直孝

1　彦根藩主への道

直継の家督継承と家中騒動

慶長七年（一六〇二）に直政が死去すると、その家督は嫡子の直継《なおつぐ》が受け継いだ。天正十八年（一五九〇）生まれの直継は当時十三歳の少年であり、当主としての役割を果たせるまでに成長していない。そのため実質的には直政の重臣たちによって政務が執られた。

直継が家督を継承して間もなく、井伊家中で深刻な内紛が生じる。慶長十年、重臣の河手《かわて》良行《よしゆき》・椋原正直《むくはらまさなお》らが連名で鈴木重好の不正を幕府に訴えたのである。訴状では、重好は金銀を不正に流用し、親しい者だけを登用したり処罰を軽くするといった不公正な政務を独断で行っていると非難している。このとき鈴木派は百四十五人、反対派は二百二十二人と、家中を二分する抗争の様相を見せた（『新修彦根市史』六巻一〇九号）。

重好は「井伊谷三人衆」の家柄で、当時の知行は五千五百石と家臣の中で筆頭に位置した。直政と重好は従兄弟の関係（母同士が姉妹）にあり、さらに重好の四男直重は直政の養子となり井伊采女《うねめ》と称していた。関ヶ原合戦後には、敗軍方の長宗我部《ちょうそかべ》氏の居城を接収するため井伊隊から重好が軍勢を率いて土佐へ向かい、指揮をとる重責を担っている。家格からも家中組織の位置づけからも、重好が井伊家中の中核にいたのはまちがいない。直政亡き後も、慶長九年に彦根城の築城工事を視察するためやってきた大久保長安《おおくぼながやす》に応対したのは重好と木俣守勝であった。しかし、重好が家中の中核に登用された背景には、直政を支えてきた重臣たちが相次いで死去または高齢となって政務から離れ、重臣層が薄くなっていたという状況がみられる。そこで重好を家臣の中核にすえる家中組織を築こうとしたが、それに反発する者も多く、家臣の誰もが納得する体制が築けなかったのである。

このような家中騒動に対して、幕府は重好を井伊家から除くことで解決をはかろうとした。しかし、それでも騒動は収束しなかった。さらにもう一点、重要な問題があった。当主直継には些細なことで家臣を召し放つといった問題行動がみられ、井伊家当主としての能力が十分ではなかったのである。幕府もそのような井伊家の内部状況を把握しており、直継は慶長十七年までに彦根から上野国の領地である安中《あんなか》に身柄を移されて押し籠められている状態であった。

結局、幕府は直政家臣団を二つに分割させるという荒療治を施すことでこの問題を解決させた。慶長十九年の大坂冬の陣に際し、幕府は直政二男の直孝《なおたか》に井伊家の軍勢を率いて出陣するようにと命じる。冬の陣で井伊隊を率いる大将として及第点が与えられた直孝は、休戦状態となり年末に兵を引き上げて帰国する際、彦根城主となるよう命じられた。系譜類では翌年二月に家康から父直政の家督を相続するよう命じられ、直孝は再三辞退したが厳命につきやむを得ず承知したとある。

直孝には近江十五万石、直継には上野の三万石と、直政の領地と家臣を二人の息子に分割する形がとられた。直孝が受け継いだのは、彦根を治め、そこに置かれた部隊を率いるというものである。一方の直継には松下・小野ら井伊谷時代以来の家臣らがつき従った。直政の遺品もまとまって直継の家が受け継いでいる。そのため、戦国時代の国衆井伊氏以来の系譜は直継の家系に継承され、直政が一代で築いた徳川家中筆頭の立場や精鋭部隊といった部分が直孝へもたらされたとみることができる。

このような経緯で当主が交代したため、彦根藩井伊家では直政の跡を継いだ直孝を二代とかぞえ、直継は別家初代とみなして歴代当主には含めない。また、両家のどちらを本家・分家とするかという点も議論は避けられ、江戸時代を通じて曖昧なままやり過ごされた。

大坂の陣と家督継承

直孝は直継と同じ天正十八年（一五九〇）生まれで、直政正室の東梅院《とうばいいん》に仕えていた女性を母とする。母は直孝を身ごもると御殿を去って出産し、幼少期の直孝は直政所領の上野国後閑《ごかん》村（群馬県安中市）に預けられて養育されたと伝わる。直政の没後、十四歳で家康・秀忠に初御目見して幕府への出仕をはじめた直孝は、慶長十三年（一六〇八）、十九歳で江戸城書院番頭《しょいんばんがしら》に就き、上野国内に五千石の領地を拝領した。書院番は将軍秀忠の身辺を護衛する旗本隊の一つで、日常的に秀忠の居住する江戸城に詰め、将軍の外出時には周辺を固めた。直孝はその一組を統率する組頭《くみがしら》に任命されたということである。将軍秀忠に属する家臣団は慶長十年の将軍就任とともに新設されたものであり、徳川家臣の子弟らが新たに召し出されている（小池進、二〇〇一）。直政の二男である直孝が新設された秀忠家臣団に組み込まれ、その旗本隊の一翼を担うのは順当な人事といえるだろう。

図10　井伊直孝　彦根 清凉寺所蔵　画像提供：彦根 清凉寺／DNPartcom

慶長十五年、二十一歳になった直孝は大番頭《おおばんがしら》へと昇進し、領地は倍増されて一万石となる。大番とは伏見城や駿府城など遠隔地にある城郭を交代で警備する役である。一方で、このころの直孝は木俣守勝ら彦根の重臣と頻繁に書状を交わして連絡を取っており、井伊家の意向を幕府重臣に伝えるパイプ役を果たしていたようである。若年ながら将軍を日常的に守衛する直轄

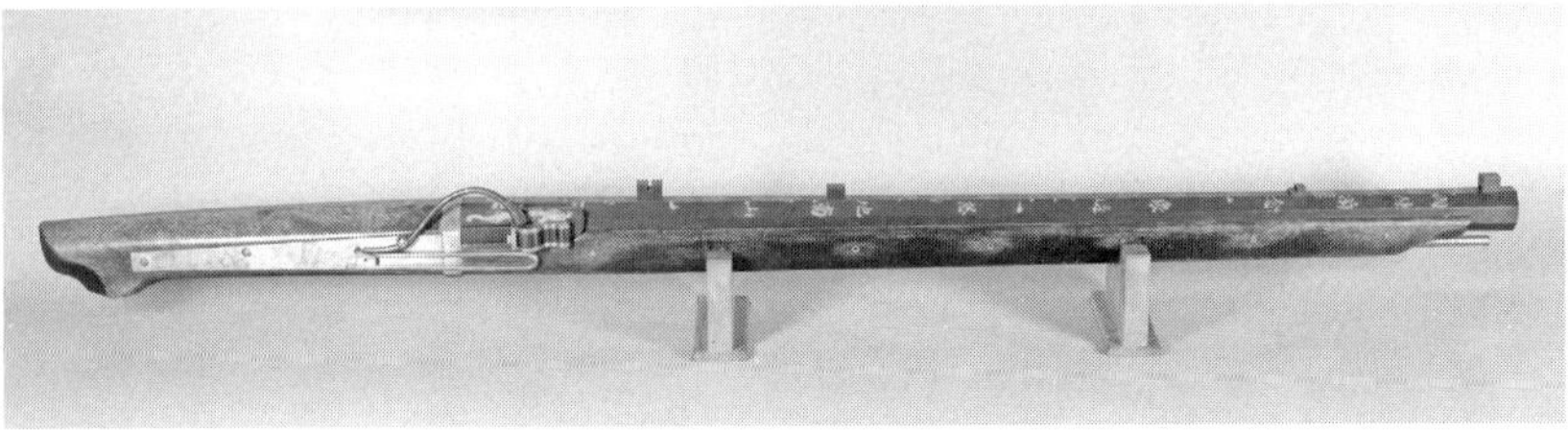

図11　慶長大火縄銃　堺市博物館所蔵　全長約３メートル，口径3.3センチで，現存する日本最大の火縄銃．稲富一夢の指導による国友と堺の職人合作で，稲富の弟子である彦根藩士宇津木治部右衛門家に伝来した．

軍の部隊長を務め、順調に出世していく直孝のことを、周囲の者は父直政の役割を継承できる能力があると見ていたに違いない。

慶長十八年、直孝は大番頭の職務として伏見城番を命じられ、二年の任期で伏見に在番した。翌年、大坂冬の陣で出兵することが決定すると、家康は伏見にいた直孝へ井伊家の軍勢を率いて出陣するよう命じた（『徳川実紀』）。兄直継はすでに安中で押し籠めの状態であり、直孝がそれに代わるのは既定路線だったのであろう。

冬の陣では、井伊隊は越前の松平忠直《ただなお》や加賀の前田利常《としつね》らとともに大坂方の真田《さなだ》信繁《のぶしげ》が築いた「真田出丸」で真田隊と対峙した。徳川の戦法は大坂城を大軍勢で取り囲み、包囲網を徐々に狭めて敵を圧迫しながら和睦に持ち込もうとするものであった。その最中の十二月四日、一触即発の状況から井伊・松平などが真田出丸へ戦闘を仕掛けるが、真田の術中におちいり多大な犠牲を出してしまう。この戦闘は命令なしに始まったため、直孝の軍紀違反を指摘する声があったが、家康は「直孝は直政の悴《せがれ》ほどのことはある、若い者は少々粗忽《そこつ》でもよい」と答えたという（『井伊年譜』）。家康の目には、関ヶ原合戦で先陣を切った直政と直孝が重なって映ったようである。

冬の陣の講和後、大坂方の意に反して徳川が大坂城の堀を埋めたことにより、翌年に夏の陣が起こる。難攻不落の防備力を誇る堀を失った大坂方は野戦に出るしか道はなく、五月六日に河内方面で井伊隊・藤堂高虎隊らが大坂方を迎え討った。井伊隊は若江《わかえ》（東大阪市）で木村重成《しげなり》隊と戦い、大将木村を討ち取る勝利を得た。徳川方は圧倒的な優位のもと各隊とも勝利し、七日に大坂城を総攻撃して落城に追い込むと、八日、櫓に逃げ込んだ豊臣秀頼と淀殿に対し、直孝が家康の最後の意向を伝えに向かう。家臣の岡本宣就《おかもとのぶなり》・宇津木泰繁《うつぎやすしげ》・西村玄碩《にしむらげんせき》を引き連れて櫓に乗り込み、大野治長《おおのはるなが》に対して家康の意向を伝えた。最終的に井伊隊がこの櫓に大筒を撃ち込んだことで秀頼らは自害を決意したという。

関ヶ原合戦後、井伊家は砲術を導入して軍備の増強に努めていた。徳川と大坂城との最終決戦を見越してのことである。稲富流《いなどめ》砲術の始祖稲富一夢《いちむ》を招いて井伊家の家臣たちにその術を伝授させ、国友村《くにとも》（長浜市）の鉄砲鍛冶に大火縄銃を製作させている。大坂城に撃ち込んだ大筒は何年もかけて準備されたものであった。

大坂の陣が終結すると、直孝はその恩賞として領地が五万石加増されたのに加え、官位は父直政と同様の侍従へと昇進した。徳川家臣で直政以降に侍従となった者はおらず、これにより直孝が徳川家臣の官位序列でトップに躍り出たことになる。それにかかわる逸話として次のようなものが伝わる。父の領地を継承した後の出仕日にほかの重臣とともに将軍の面前に列座した際、直孝はおもむろに進み出て本多正信《まさのぶ》の上座に着座し、その所作は誠に優なるものであった。座を退いた後、直孝は正信に向かい「今日の振る舞いはたいそう無礼だと思われたであろうが、直政の家を継いだ上は御容赦《ようしゃ》いただきたい」と述べたところ、正信はその振る舞いに感じ入り悦んだという（『徳川実紀』）。

直政の跡を継承するとは、その領地だけでなく徳川家臣団の筆頭という序列までも受け継ぐことを意味したのであった。

徳川の城としての彦根城

大坂夏の陣を終えて彦根に戻った直孝は、本格的に藩主として領地に向き合うことになる。最初に取りかかった仕事の一つが城下町の整備である。

石田三成の旧領を与えられて佐和山城主となった直政は、城下町を築く平地がある場所へ城を移

図12　彦根城天守

す検討を進めていた。しかし、移転先が確定する前に直政は死去してしまい、慶長八年（一六〇三）、重臣木俣守勝が家康のもとへ行き絵図を示して相談したところ、居城を彦根山に移すことが決定した。

築城工事は慶長九年七月一日から開始され、幕府主導の「公儀《こうぎ》普請《ふしん》」で築かれた。工事には、幕府から工事を統括する奉行や築城技術をもった専門家が派遣され、近江周辺の七ヵ国（尾張・美濃・飛驒・越前・伊勢・伊賀・若狭）の領主へ幕命を下して土木作業に従事する者を動員した。このように幕府主導で工事が進められた彦根城は、幕府が全国統治するための政治的・軍事的拠点の城と位置づけられる。ただ、公儀普請は慶長十二年、彦根山に大規模な土木工事を施して山上に本丸・二の丸・鐘の丸といった城郭を築いて天守などの建物を建て、山すそに内堀をめぐらし、城下町の中心街の町割まで済ませたところで終了した。当時、幕府は大坂城とのいくさに備えて畿内周辺に次々と城郭を築いており、彦根城の築城もその一環であった。そのため、軍事拠点として一応の完成をみると、幕府の奉行らは次の築城工事へと移ったのである。

このように休止していた築城工事が夏の陣後に再開された。元和元年（一六一五）から八年まで実施された第二期工事では、藩主の居所であり政庁でもある表御殿《おもてごてん》を山すそに建て、三重の堀を巡らせた城下町の町割が整備された。工事は井伊家主体で進められ、当主直孝みずからが指揮を執ったという。これにより、井伊家という精鋭部隊を配し、徳川方有数の兵糧米を備蓄する軍事拠点という性格をもつ彦根城が完成した。

一方で、直孝はこのころ毎年のように京都へ出向いている。豊臣氏が滅亡した後も、京都の朝廷・公家や西国大名との間で緊張関係のあった幕府では、それらの勢力と良好な関係を築こうと硬軟とりまぜた交渉を進めており、京都に近い彦根の軍事力への期待も高まった。「御覚書」（彦根藩井伊家文書）には、上方筋で万一のことが起こった場合には京都所司代と申し合わせて彦根の軍勢を差し向けるようにという幕府からの内意があったと記す。また、直孝は家康から近江国一国と山城国の淀堤までを鷹場として拝領し、京都周辺の治安維持や武器取り扱いに注視するようにという「京都守護」の密命を受けていたとも伝わる。「密命」のためその詳細を書き記したものは残っていないが、大坂陣後から寛永三年（一六二六）までの約十年間、直孝は頻繁に京都に滞在しており、淀にも出向いている。彦根の軍事力を背景として、諸勢力と交わって幕府との友好関係の下地をつくるとともに、反幕府の動向がないか探ったと思われる。実際、直孝が諸勢力と対面していたことをうかがわせる痕跡がある。会談の席には料理や酒が供されることになるが、そのころ、直孝の家臣が宇治の茶師上林三入《かんばやしさんにゅう》と交流し、茶だけでなく川魚や果物を受け取っていたことが確認できる（宇治市歴史資料館『大名と茶師』）。中には至急届けるよう要望したこともあった。上林との間にこのような無理を頼める関係が築かれていたのは、直孝がしばしば宴席を設けることがあり、その都度頼んでいたからであろう。

元和六年に秀忠の娘和子（東福門院）を後水尾《ごみずのお》天皇のもとへ入内《じゅだい》させ、寛永三年には徳川の城である二条城へ天皇を招く二条行幸を実施して徳川の力を見せつける政治的イベントを成功させたことで、幕府は朝廷との間で良好な関係を築いていった。直孝は、入内した和子へ年始の祝儀を述べるため、毎年上京したという（「御覚書」）。和子への挨拶だけでなく、朝廷周辺の様子を探る目的もあったと思われる。ところが、二条行幸を終えると直孝は上京しなくなった。長年、朝廷との融和をめざす水面下での折衝や準備に従事していたが、二条行幸によりそれが成就したため、もはや直孝が上京する必要がなくなったのであった。

直孝は、当主を継いでから寛永三年までの十二年間は、京都周辺で諸勢力との交渉を役割としていたといえる。この仕事は京都所司代のような公的な役職ではなく、その行動を追うのは難しい。直孝は表面化しないところで内々の交渉を重ね、徳川に敵対する勢力をなくす作業を進めていたということができる。このような直孝の行動は父直政が家康のもとで務めてきた役割に通じる。徳川の最前線に拠点を置く井伊家に課せられた役割を果たすことが直孝に対しても求められ、実際に直孝はそれを十分に果たしたと評価できる。

幕府の力が京都や西国にも及んだころ、直孝には新たな役割が与えられることになった。

2 家光政権への参画

一門衆としての幕政参与

寛永八年（一六三一）十一月、直孝は幕府からの指示により江戸へ赴いた。同年七月に大御所《おおごしょ》秀忠が病に臥したと聞くと、帰国中の大名の中には見舞いのため江戸へ向かおうとする者もいたが、幕府はそれを止めた。大名が自身の判断で参勤することは禁止されていたためである。それから数ヵ月後、直孝は徳川御三家らとともに江戸へ呼び寄せられ、何度も病床の秀忠を見舞った。秀忠生前のうちよりその没後の新体制が検討されはじめており、直孝が江戸に呼び出されたのもその一環であろう。最終的に秀忠の遺命として、直孝と松平忠明《ただあきら》が家光政権へ参与するよう命じられた。

松平忠明は奥平信昌《おくだいらのぶまさ》と亀姫（家康の娘）の四男で、家康の養子となっていた人物である。井伊家と同様、家康の意向によって徳川一門衆の家を興こし、大坂冬・夏の陣では徳川方の有力部隊として活躍した後、大坂城主となり落城後の大坂の治安維持と復興を任されていた。大坂が幕府直轄地となると、忠明は大和郡山《やまとこおりやま》十二万石へと移るが、大坂周辺に影響力を及ぼす軍事部隊という性格に変わりはなかった。

寛永九年一月に秀忠が死去し、将軍家光を名実ともにトップとする新たな体制が築かれる。この体制のもと、直孝と忠明は幕政参与としての行動を開始する。その最初のものは、秀忠の院号を協議する会議である。酒井忠世《ただよ》・土井利勝・酒井忠勝といった幕政運営を担う年寄や秀忠付だった重臣に加え、直孝と松平忠明も協議に加わった。この会議の参加者は、のちの老中だけでなく権限の異なる四つの階層の者がおり、直孝と忠明はその一グループを形成していた（藤井讓治、一九九〇）。ただし、両名が揃って幕閣会議に参加したのはこの一度のみで、その後は将軍の「上意」を多くの大名へ発表する場や、外様大名などが将軍と対面する儀礼の場に幕閣として列座している。

その実例を示そう。家光が代替わり後まもなく、その権力を見せつけた事件として肥後熊本の大名加藤忠広《ただひろ》の改易がある。豊臣秀吉子飼いの大名であった加藤清正の子である。改易となったのは、忠広の嫡子である光広《みつひろ》が謀反の企てを呼びかける書付を知人に渡したことが発覚したためであるが、少年の悪戯に過ぎない書付をきっかけに豊臣以来の有力大名の取り潰しを断行したのは、家光の代始めにあたり強権を発動して、家光政権の権力と威信を諸大名に示す狙いがあったと考えられている。そのため、処罰が重すぎるという反対意見が出ないよう、段階を追って諸大名へ説明された。まず、五月二十四日に伊達・前田・島津・上杉・佐竹といった有力国持大名が家光のもとに召し出され、説明をうけた。「御代始《みよはじめ》の御法度《ごはっと》に候間《そうろうあいだ》、急度《きっと》仰せ付けらるべく」と将軍の意図が説明されると、それに続いて直孝が「加様《かよう》の儀は、急度仰せ付け候はで叶はざる儀（このような案件は厳重に対処しなければいけない）」と述べている（『大日本近世史料　細川家史料』四巻九六〇号、以下『細川家史料』と略記）。直孝の発言は重臣一同も将軍の決定に同意したと表明することになり、将軍の決定を念押しすることとなった。これを受けて六月一日に諸大名を登城させて酒井忠世・土井利勝・酒井忠勝ら年寄が加藤氏改易を発表した席にも、直孝と忠明は列座している。

酒井忠世・土井利勝・酒井忠勝は幕政を担っていた年寄で、のちの老中にあたる。三名とも大御所秀忠の時代から務めている経験豊富な行政事務官であり、大名からの願いや相談を受け入れて将軍に諮り、指示を下した。将軍が出座するまでもない命令や伝達は彼らが申し渡している。しかし、加藤氏改易という将軍の威信を示す重要な発表は、それが幕府の総意であることを示さなければならない。そのためには彼らだけでは不十分だったのである。徳川将軍が全国を統治している権力の源泉は軍事力であり、軍勢を率いる家臣たちが各地の城郭に配備されて治安を維持していた。その城主の筆頭である井伊直孝と松平忠明が将軍の上意を伝える場に列座することで、軍事をつかさどる家臣一同も同意しての発表であると示すことになった。

両名が城主を代表する存在であったのは、単に領地石高の序列だけではなく、家康によって創り出された徳川一門衆の軍事部隊という特質があったためであろう。家康が直政を一門衆に処遇してそれにふさわしい部隊を創設したのは前章で述べたとおりであり、家康の養子として家を立てた松平忠明もそれと同様の性格をもつ。直政の時代には一門衆は直政だけであったため、その次席となる本多忠勝・榊原康政と三名で筆頭家臣集団を形成していたが、忠明が一門衆となるとその両名で筆頭集団を形成することになった。

両名を幕政へ参与させる構想は秀忠存命中に考え出された。その意図を推測すると、幕府創設以来長らく大御所・将軍の二元的な政治構造であったが、秀忠の死により若い将軍のもとに一元化された将軍政治が始まることになり、新体制を確立するまでは将軍権力が不安定な状況となるのは避けられない。一方で上方周辺での軍事的緊張は緩和されてきている。そこで、将軍権力を補うために、徳川の軍事力を象徴する一門衆の両名が家光の傍らへ呼び寄せられたと考えられる。

伺候と上意伝達

直孝・忠明が果たした幕政参与の行為とは、伺候《しこう》と上意伝達という二つに集約できる。

伺候とは、公式行事の場で将軍を支える家臣としてその傍らに並ぶ行為である。江戸城で行われる諸大名との対面儀礼のほか、江戸城から外出する行事でも伺候している。将軍にとって公式行事でのもっとも多い外出先は父祖の廟所であった。秀忠の廟堂は増上寺《ぞうじょうじ》に造られ、家康を祀る東照宮は日光のほか、江戸城内紅葉《もみじ》山《やま》にもあり、家光はそれらの廟所へ命日ごとに参詣した。特に遠忌《おんき》法会《ほうえ》など大きな儀式が行われたときには大勢の家臣を伴っており、廟堂内で儀式を執り行う間、直孝・忠明が将軍の近くに列座したことが確認できる。たとえば、秀忠の没後半年で増上寺に廟堂が完成し、家光が初めて参詣したときには、家光が廟堂の中で焼香する間、直孝・忠明と老中土井利勝がその建物を囲むように縁側に列座している。

一方、加藤忠広の改易にみられたように、将軍の上意を大名らへ伝える際、直孝・忠明はそれを発言する年寄の

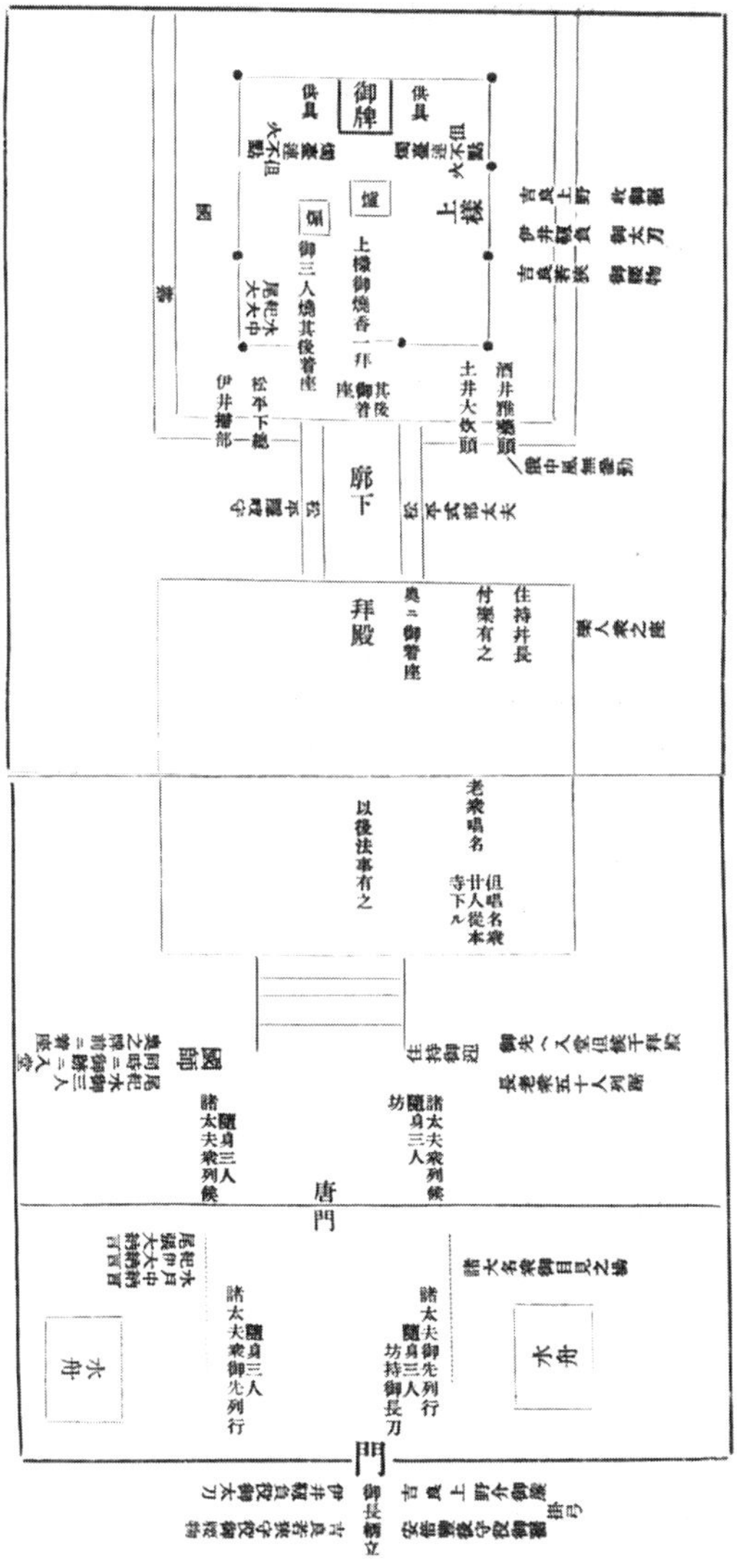

図13　徳川秀忠廟堂の席図（将軍家光初参詣時）『本光国師日記』（国立国会図書館デジタルコレクション）より

列に加わった。たとえば、寛永十二年（一六三五）、武家の基本法である武家諸法度《ぶけしょはっと》を大幅に改訂して発布したときには、江戸城大広間に集められた諸大名のもとへ直孝・忠明と老中酒井忠世・土井利勝・酒井忠勝が出てきて「将軍の仰せを伝える」と述べると、林羅山《はやしらざん》が法度の文言を読み上げた。このように大名家の存続にかかわる決定や重要法令の発表には、直孝・忠明がそれを執行する幕閣として姿をあらわした。

また、日常的な江戸城での対面儀礼の中でも、将軍から大名への言葉を直孝らが伝達することがあった。大名たちは正月や節句、月次《つきなみ》御礼日（毎月一日・十五日・二十八日を基本とする）などには一斉に登城して、将軍へ対面して臣従の礼をとる行事が繰り返された。また、家督相続や参勤・暇《いとま》、御用拝命や下賜品があるたびに将軍へ御礼を申し上げる。このような大名が将軍へ対面する公式行事では、将軍自らが言葉を掛けることは稀で、通常は傍らに控える重臣が将軍の上意を伝えた。これは戦国大名でも行われていた武家社会の作法であり、対面を受ける側（ここでは将軍）の権威を高めることになる。たとえば、寛永九年十月十日、江戸へ参勤してきた京極忠高《ただたか》（小浜藩主）・鍋島勝茂《かつしげ》（佐賀藩主）・蜂須賀忠英《ただてる》（徳島藩主）といった国持大名が家光へ対面し、進物を添えて参勤の御礼を述べた際には、直孝・忠明と土井利勝・酒井忠勝が列座して将軍からの返事を伝えた。将軍との対面儀礼で直孝・忠明による列座が確認できるのは国持大名や徳川御三家らに限られており、将軍にとって重要な相手と対面する場合に限定して両名が出座したと思われる。

「大年寄」として

一方で、寛永九年（一六三二）五月ごろから直孝のみが老中と行動を共にする機会が多く確認できる。その一つが幕閣会議や将軍家光のもとでの御前会議など、幕政会議への出席である。忠明は出席しておらず、秀忠の遺命であった幕政参与とは別の役割が新たに与えられたことになる。

幕政会議の中で直孝がどのような立場にあったのかを示す興味深い記述がある。そのころ幕府と交渉するため江戸に来ていたオランダ人ウィルレム・ヤンセンは日記に直孝のことを「閣老会議の議長」と記している（『平戸オランダ商館の日記』)。彼に幕閣各人のことを説明した者が、直孝がほかの老中と対等ではなく一段高い位置にいる人物と伝えたのであろう。

実際、直孝はしばしば老中とあわせて「年寄」と称されており、広い意味で年寄衆の一角を占めたということができる。しかし、老中と異なる点も多い。老中は日常的に幕政運営を担い、将軍の意思を大名らへ伝える老中奉書を発給している。それに対して、直孝はわずかな例外を除き奉書へ署名しておらず、その点で老中とは異なる。また、直孝が関与するのは一部の重要事項に限定されるという点も老中との違いである。年中の殿中儀礼の中でも、月次御礼のように幕閣側に列する場合と、正月のように大名の列に並び幕閣の席に並ばない場合が混在する。つまり、直孝の年寄とは老中のような常任の職ではなく、必要な場合に限りその役割を果たすという性質のものであったことがわかる。このように、直孝は老中とは異なる形で幕閣の一翼を占めていた。

では、直孝独自の役割はどのように呼ばれていたのか。同時代には固有の役職名で呼ばれた形跡はみられない。直孝だけの役割のため、あえて名称をつける必要がなかったのであろう。その役割は保科正之・榊原忠次・井伊直澄へと継承されていき、その後、変質はあるものの元禄十年(一六九七)に井伊直興が就いた大老職へいたる。そのため、大老職の前身とみなして直孝以来の役割も大老と呼ばれることがある。一方で老中退任後の土井利勝・酒井忠勝らの役職も、江戸時代後期に編纂された『徳川実紀』で「今の世にいう大老なり」とされて以来、大老と呼ばれるのが一般的である。いずれも同時代の名称ではなく、元禄時代以降の職制で登場する大老が老中より上席にあるため、その職名をさかのぼって当てはめたものである。つまり、元禄期以前の年寄には権限・役割の異なるグループがいくつか並立しており、寛永十一年ごろには老中とその上席で非常任の直孝の二系統があり、寛永十五年に土井・酒井忠勝が老中から分離してもう一系統増えたということになる。

そこで、直孝から保科正之、榊原忠次、井伊直澄へと受け継がれる役割を「大年寄」と称することとする。この名称は享和元年（一八〇一）に幕府へ提出した「井伊家系譜」（彦根藩井伊家文書）にみられる。井伊直興が大老を拝命した記述として「故掃部頭（井伊直澄）相勤め候大年寄仰せ付けられ候」とある。大老・老中の「老」は「としより」「おとな」とも読み、集団の主だった者という意味をもつため、「大老」と「大年寄」は語義としては同じであるが、元禄以降の大老職とその前身形態を区別するため別の名称で呼ぶことにする。

3　家光政権への影響力

大年寄登用の経緯

直孝の大年寄としての役割は時期により異なる。幕政が抱える課題、将軍と年寄の関係、将軍の健康状態などの状況に応じて直孝に求められる事柄も変化していった。そこで、家光・家綱政権の動向のなかで直孝がどのような役割を果たしたのか、時期ごとに変遷を追っていく。

まず、直孝が年寄の一員に登用された経緯をみていこう。直孝の登用は家光による年寄体制の改変開始と同時期にあたる。家光は寛永九年五月ごろから秀忠の遺言で定められていた幕閣体制の改変に着手しており、秀忠政権以来の年寄である酒井忠世らを遠ざけようとする一方、稲葉《いなば》正勝《まさかつ》（家光乳母の春日局の息子）ら側近の登用を開始していた。正勝は家光の幼年時代からその小姓として仕えていた人物で、家光が将軍に就任するとその年寄の末席に連なっていた。五月の改変では、家光は正勝の年寄内での地位を上昇させるとともに、彼を出頭人《しゅっとうにん》として政権運営の中核に据えようとした。出頭人とは、主君の信頼を得て取り立てられ、その面前に出て諸事を取り次いで強力な権限を行使した側近のことである。家康や秀忠も出頭人を置いて政務を執っており、土井利勝は秀忠政権での出頭人であった。

直孝はこのような幕閣改変の一環として登用されたと考えられる。

このとき家光が子飼いの側近から年寄に登用できたのは稲葉正勝のみであった。それに続く松平信綱《まつだいらのぶつな》らはのちに登用されることになるが、このときは時期尚早であった。そこで、幕閣内で正勝に並ぶ家光に近い勢力を増やそうとして直孝が登用されたと推測できる。

登用直前の家光と直孝の関係をみていくと、三月の段階で直孝は家光からの覚えがめでたい状態となっていた。直孝は寛永八年（一六三一）までは主として在国しており、江戸へは一大名として参勤しているだけで、家光の近くに仕えているわけではなかった。寛永九年一月に初めて身近に接するようになって、家光は直孝の家格に加えて個性と能力を評価して取り立てたと考えられる。幕政運営は未経験ながら長年京都での政治工作に従事しており、朝廷を中心とする伝統的な社会にも明るい。官位序列では他の年寄より上位に位置している。そのような点が評価されて、従来の年寄とは別の視点から幕政へ発言でき、彼らを牽制できる存在として直孝が登用されたのではないだろうか。

さらに、正勝に体調不安があったことも直孝の登用に影響を及ぼした可能性がある。正勝は寛永九年三月ごろには湯治のため江戸を離れていたが、五月までには回復して出頭人に登用されている。体調が万全ではない正勝と協力して家光の親政を支えることが直孝に求められたと考えられる。

実際、直孝は年寄登用まもなくの寛永九年六月に、有力外様大名の細川忠利《ただとし》（細川忠興の子）に対して、自身も家光への「御取成」を行うようになったと連絡している。取成とは大名から将軍への言上を取り次ぐ行為である。出頭人となった正勝と同様、直孝も将軍への取り次ぎをするようになったことが確認できる。

直孝による細川氏の取次に次のような事例がある。寛永十年八月、領地の熊本にいた細川忠利が参勤する時期について、直孝は取り成した結果を忠利へ伝えてきた。忠利についての何らかの噂が生じており家光のもとで話題となったため、直孝が「忠利は九月末には在所を出立する用意をしている」と言上したところ、「十月に参勤するように」という上意が下ったという内容である。当時は参勤交代の制度化以前であり、大名は出頭人に依頼して将軍の参勤命令を得ていた。これより前、忠利は参勤したいと稲葉正勝へ伝えており、直孝も承知していた。そこで、直孝は「噂」の話題をきっかけとして忠利への参勤命令を引き出したのであった（『細川家史料』一七巻二三二〇号）。当初、忠利は正勝へ依頼していたが、正勝は病気のため領地の小田原へ戻っていたためこの取次の場にはいなかった。そのため、直孝が家光への取次を行うとともに、正勝へもその結果を報告している。

正勝が病気のため出頭人から抜けた状態を見た忠利は「稲葉が不在なので直孝が困っているようだ」と述べている（『細川家史料』一七巻二一八七号）。両名が揃ってこそバランスよく家光を補佐できたのであろう。

直孝が秀忠死去時に松平忠明とともに幕政参与に登用されたのはその家柄に基づくものであったが、その後、家光からの信頼により年寄の一角に登用され、稲葉正勝と並んで家光親政を支える存在となった。家光は前政権の年寄に対抗できる勢力増強の一環として直孝を登用したとみられる。

家光親裁体制を支えて

稲葉正勝没後の寛永十一年（一六三四）三月、家光は年寄らの職務内容を規定する法度を制定した。これにより役職別に取り扱う案件が設定され、それぞれが言上してきた案件を将軍自ら決裁する体制が構築されたことで、スムーズな幕政運営が図られた。これ以降、家光が病気となり政務が執れなくなる寛永十四年までは、家光政権を特徴づける政策が次々と推進されていく。

この職制改変では直孝の役割は明示されていないが、このころも直孝が年寄の一員であったのはまちがいない。「掃部殿（井伊直孝）はこの前のごとく、こまかなる儀には召し出されず候」とあり（『細川家史料』一二巻七九六号、寛永十二年三月）、それ以前より直孝は重要案件にのみかかわっていたことがわかる。別の見方をすれば、家光は重要な政治判断を下すにあたり直孝を頼りにしていたということである。

一方で、寛永十一年から十二年にかけて、細川氏が交わした書状に家光と年寄らの確執の噂が何度も伝えられている。その中には直孝が家光から叱責されたというものもある。上洛中の寛永十一年七月には、家光から怒りを買った直孝が失脚して紀州へお預けになるとまで噂されたが、結局何の沙汰も下されなかった。叱責の一例をみていくと、老中が政務を滞らせていたので家光が叱責して四、五日も話をしない状況が続いたとき、家光は直孝を召し出して「掃部奉公ぶりめい（名）人くさく候、よくたしなみ候へ」と批判したという（『細川家史料』一九巻二九七九号、寛永十二年八月）。このとき最初に叱責されたのは政務を停滞させた老中の土井利勝・酒井忠勝であり、直孝への批判理由はそれとは異なる。直孝はこの状況を打開しようと老中へ働きかけたところ、それが家光の気に入らず「名人くさい」と言われたのであろう。

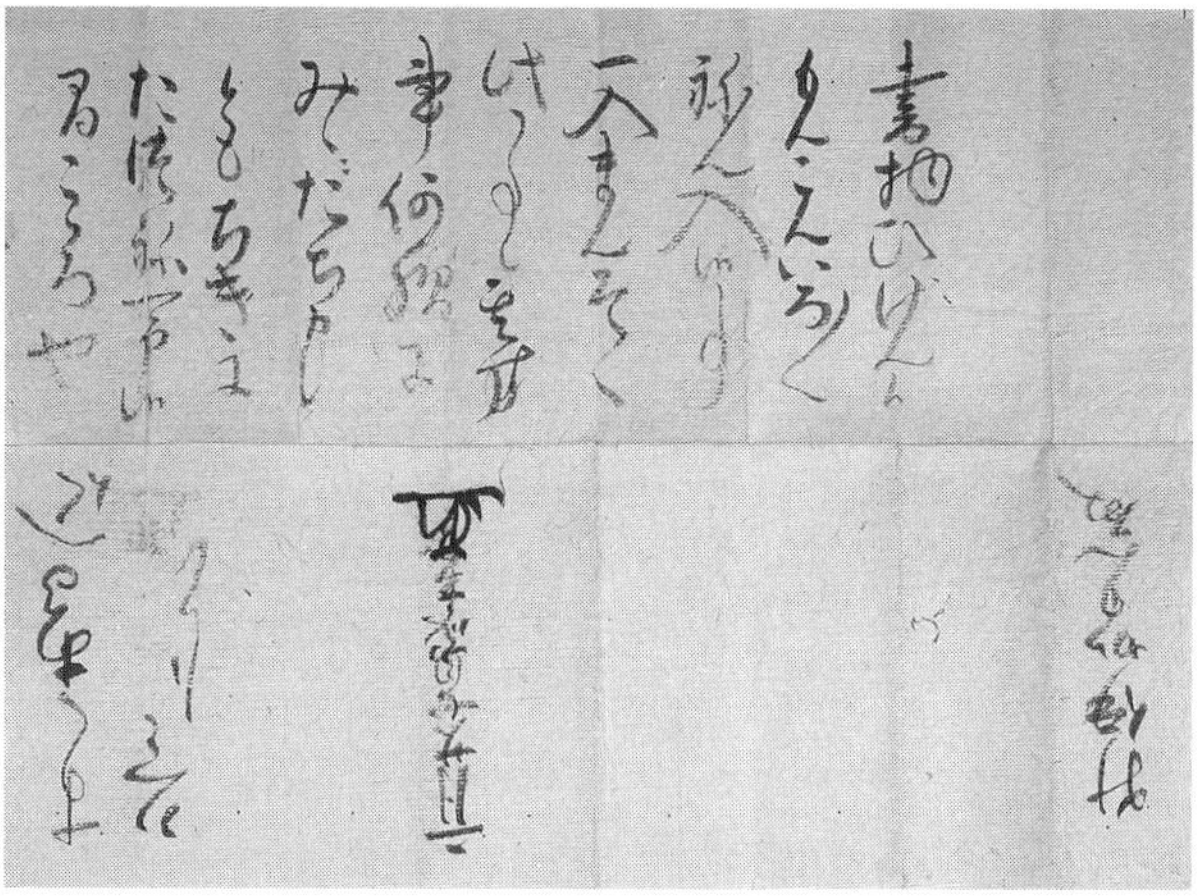
図14　徳川家光自筆書状　井伊直孝宛て　彦根城博物館所蔵
画像提供：彦根城博物館/DNPartcom

このような噂が大名らの耳に届く中、家光は自筆書状で自らの真意を直孝へ直接伝えている。

書物ひけん候、もんごんいろ〳〵（色々）ねん入候事、一入まんぞく
此事候、其方事何様にみゝ（耳）ニたち申候とも、ちき（直）にたづね
可申《もうすべく》候間、こゝろやすくあるべく候、恐々謹言
二月廿七日　家光（花押）
井伊かもん（直孝）殿
（彦根藩井伊家文書）

直孝に関する何らかの噂が流布している状況で、直孝は家光へ「書物」を差し出した。これを読んだ家光は「念入り」であったと賞した上で、どのような噂が耳に入ってきたとしても直孝へ直接尋ねるようにする、と伝える。家光は流布している噂を信用せ

ず、直孝へ信頼を寄せていたことがこの書状からわかる。

このように、直孝は家光からの信頼のもと、政務へ参画し、重要案件の協議に加わった。時には家光から叱責されたのも、その意向に沿って発言するイエスマンではなく、主君の意向に反してでも幕政にとって最善となる意見を述べたからであろう。

黒田騒動の裁定への関与

直孝は将軍の政務判断にどのように関与していたのであろう。将軍が裁定を下した御家騒動の一つである黒田騒動を取り上げ、その実態をみていきたい。

黒田騒動は、黒田長政の跡を継いだ福岡藩主黒田忠之《ただゆき》のもとで生じた御家騒動である。忠之が自身の側近ばかりを重用して、長政が忠之の後見役に任命しておいた栗山大膳《くりやまだいぜん》ら長政の側近たちを排除しようとしたため、藩内を二分する抗争となった。忠之は元和九年（一六二三）に当主に就くとまもなく、長政時代の重臣を排除しようとして彼らとの間に対立関係が生じていたが、寛永九年（一六三二）六月、決定的な騒動が発生する。帰国した忠之は大膳を討とうとしたが大膳が召し出しに応じなかったので大膳の屋敷へ軍勢を向けたのである。そこで大膳は幕府と隣国豊後府内の大名竹中重義《たけなかしげよし》へ訴状を送り、竹中が大膳を引き取って事態を収拾させた。その訴状には忠之が幕府へ謀反《むほん》を企てていると記されていたことから、幕府は忠之を江戸へ召喚した。幕府の手によってその真偽を審議するためである。忠之・栗山大膳それぞれが幕閣より尋問を受け、寛永十年三月十五日、将軍家光によって裁定が下された。裁定結果は、忠之には謀反の企ては確認できず、大膳の訴えを退けるというものであった。

彦根藩で作成された「御覚書」には、将軍が出座して行われた黒田騒動の評議の場で直孝が忠之側に味方したという話が記される。評議では、将軍の上意として一旦は忠之を「御潰し」する旨が示されるが、直孝は大膳の訴えでは忠之の謀反が認められないと反論する。たとえば大船の建造が謀反にあたるという大膳の訴えに対しては、掟には背いているが先代よりのことなので家を取り潰すほどの罪科ではないとする。また、大膳を毒殺しようとした点については、家臣を自由に下知できず食べ物に毒を入れて殺そうとする程度の者は腰抜けであり、謀反できる器量はないとする。その上で、忠之はそれほどの腰抜けではないとした。このように直孝が忠之を擁護するため、家光が「直孝は忠之を贔屓《ひいき》している」と発言すると、直孝は黒田家と仲がよくない蜂須賀家の婿であると述べて私情による肩入れを否定したという（直孝正室は蜂須賀家政娘）。実際の裁定結果と照らし合わせると、ここでの直孝の主張に沿った裁定が下されたことになる。「御覚書」は元禄十年（一六九七）の井伊直興大老就任時に井伊家歴代の「大老」としての事績をまとめて幕府に提出した著作であり、多少の脚色は入っているとしても、直孝が黒田騒動の裁定に影響を与えたという功績は信じていいだろう。

ここでは忠之の能力が一つの問題となっていた。以前に大膳らは忠之に対して公正な政務がなされていないとする諫書を提出しており、忠之には当主としての統治能力が欠けていたようである。それは幕閣の間でも周知のことであった。また、加藤氏改易から間もない時期に騒動を起こしたことは幕府から「越度《おちど》」とみなされていた。そのため、評議当初までは取り潰しまたはそれに近い厳罰を下す案が優勢であったが、直孝の主張によりそれがくつがえされたということである。

御前評議に先立つ年寄による忠之尋問の場でも、直孝は忠之の能力不足を否定していたと伝わる。『黒田続家譜』には、年寄から尋問を受けた忠之が謀反を明確に否定すると、幕閣は皆その返答が明決であることを褒め、直孝は「名将長政の子にふさわしい振る舞いである」と高く評価したと記す。また、忠之家臣が黒田騒動の顚末をまとめた「栗山大膳事書付」（『黒田家文書』二巻八七号）には、忠之は二本の刀のうち脇差を次の間に投げ出して本差のみを差して尋問の席に臨もうとしたため、それを注意する者がいたが、忠之は家来を相手にしているのでそれで構わない、と回答すると、直孝は「御もっともの御事」と大名にふさわしい判断であると評価した、とある。

直孝が高評価を下したこれらの忠之の行為は些細なものであり、その内実までみれば君主としての能力を評価できるほどの内容を持ち合わせていない。それでもあえて直孝が忠之を褒めたのは、評議の場で能力不足を否定するための布石であろう。事前に能力を評価しておくことで、御前評議の場で「腰抜けではない」と主張する裏付けとなる。

直孝は裁定後に黒田家へ変革を求めることにも関与したと思われる。裁定直後に安藤直次《なおつぐ》（紀伊藩付家老）と成瀬正虎《まさとら》（尾張藩付家老）の連名で忠之に対し、十九ヵ条の「覚」が提示された。そこでは、領内統治などの藩政の基本項目について家老複数による合議制を導入し、行政組織を整備して家臣が黒田家のために政務を執る体制を築くことを求めている。この「覚」は安藤らの名で作成されているが、彼らは以前より幕府と黒田家の間の意思伝達を仲介しており、実質的には幕府からの指示とみてよい。「覚」のとおり改革することを条件として、幕府は黒田家の存続を承認したとみることができる。

そうであれば、黒田家の存続を主張した直孝がこの条件も示して将軍の承認を得たと考えられる。もちろん、安藤らが黒田家の家老と接触して実現可能と判断したからこそ家中改革を条件とする黒田家存続プランを作成したという側面もあり（福田千鶴、一九九九）、直孝だけの功績とはいえないが、騒動に至った問題点を把握し、それを解決する策を考え出して将軍の裁可を得たのは直孝の手腕によるところが大きいといえる。

当時、他の大名家でも黒田家と同様の主従対立を要因とする騒動が発生しており、そこでも直孝の関与がみられる。そこで、次に黒田騒動とほぼ同時期に発生した柳川一件を通じて、直孝の関与のあり方や政治姿勢を考えたい。

柳川一件と朝鮮外交構築への対応

柳川一件は、対馬《つしま》藩主宗義成《そうよしなり》とその重臣柳川調興《やながわしげおき》との対立から朝鮮外交の大問題へと展開した事件である。宗氏は九州と朝鮮半島の中間に位置する対馬の「島主」として、中世以来日朝間の交易に従事してきた家であり、柳川氏は調興の祖父である調信《しげのぶ》の代より宗氏のもとで朝鮮との交渉実務を担ってきた。当時の宗氏には、豊臣秀吉による朝鮮出兵とその講和、国交回復といった高度な政治交渉が求められており、柳川調信はそれらを主導することで宗氏の中で確固たる地位を築き、やがて単独で朝鮮へ使者の派遣と貿易を行うようになっていた。そのような状態で家督を継いだ調興は、同世代の当主義成の臣下にいることを快しとせず、長年の対立の末に義成へ主従関係を解消することを願い出る。しかし義成がそれを拒絶したため、寛永十年（一六三三）、調興はこれまでの朝鮮外交で宗氏が国書を改ざんしてきたことを幕府に暴露してしまった。朝鮮出兵の講和交渉以来、両国ともに主張を譲らない点があり、仲介する宗氏は相手に都合よく改変して伝えることで交渉を進展させ、それにあわせて国書を偽造していたのであった。そのため、この一件は単なる御家騒動にとどまらず、幕府の外交体制にかかわる問題へと発展した。

寛永十二年三月、家光みずから下した裁定は、柳川調興を流罪とする一方、当主義成には関与が認められず無罪とするもので、あわせて、義成へは翌年に朝鮮から外交使節を江戸へ招くよう求めた。そこには、義成が主導して朝鮮外交を担えるのかテストする意味も込められており、朝鮮通信使を成功させてはじめて裁定結果を認めるという条件付きの当主側勝訴であった。幕府は、義成の主導する対馬藩で朝鮮外交の役が務められるかを見極めようとしたといえる。見方を変えれば、幕府は対馬藩に対して、当主のもと家中一致して朝鮮外交を担う体制を築くよう求めたということができるだろう。

これを受けて、義成は朝鮮との外交交渉を再開し、外交関係の再構築と使節派遣に向けての交渉を開始した。その中で直孝が関与した形跡がみられる。

その一つに朝鮮へ遣わす外交文書の協議がある。寛永十三年の「朝鮮信使記録」（東京国立博物館所蔵）には次のとおり協議の様子が記される。

宗義成は一件裁定後、新たな書式での外交文書作成に取り組んだ。従来の外交文書は徳川将軍の称号などが改ざんされていたため、一新する必要があったためである。そこで、宗氏側で作成した草案を幕府へ提示して協議を進めることとなった。義成が草案を老中の土井利勝・酒井忠勝に提出すると、老中はこれを金地院崇伝《こんちいんすうでん》と林羅山に見せて問題点を指摘させ、修正を繰り返して文案を完成させた。老中承認案ができあがると、次に直孝へそれを示して意見を求めた。その会議では、文案が読み上げられると、直孝は宛先の朝鮮高官と差出者が対等な礼式かどうかを尋ね、対等だという回答を得ると、直孝は外国とは官位の上下が異なるので外交文書では官位格式に構わず対等な礼式の文書とするべきであるという原則を述べた。対等な礼式にするべきという原則はそれまでの老中から宗氏への指摘内容に含まれており、幕府の方針として決定済みであったことがわかる。つまり、直孝が質問した目的は、この文案が幕府の方針に適合しているかどうかを直接確認するためであったといえる。

ここに直孝と老中の役割の違いがあらわれているだろう。老中が実務担当者（朝鮮外交の場合は宗氏）と協議している段階では直孝はそれに加わらず、老中のもとで確定した案を審議するのが直孝の役割といえる。直孝の承認が得られれば、次に将軍家光へ提示され、最終的な裁可が下されることになる。つまり、直孝は老中作成案を将軍へ提出する前の最終関門ということができる。

この役割にもっとも近いのは、朝廷における関白《かんぱく》の役割ではないだろうか。関白とは「関《あず》り白《もう》す」の意で、政務機関である太政官から天皇へ奏上する案件は事前に関白へ諮られた。将軍が判断を下す重要事項について事前に目を通し、その決定を補佐する役割を直孝が担ったのである。

この後、宗氏は朝鮮へ外交文書を渡して、使節の派遣を実現する。直孝はその交渉中にも重要な役割を果たしている。

朝鮮は日本からの外交使節派遣要請を受け入れ、寛永十三年八月、使節一行を首都漢城（現在のソウル）から出発させた。翌月、使節が釜山《プサン》まで到着すると、対馬藩士の島川式部が釜山へ渡って漢城から持参してきた品を点検する。島川は国書の文言を修正するよう要求したのをはじめ、持参する文書や土産品の修正や追加を求めた。追加された品の一つに朝鮮の礼曹（閣僚）から幕閣へ宛てた書翰がある。使節の副使を務めた金世濂《キムセリョム》による記録「海槎《かいさ》録《ろく》」によると、幕閣宛て書翰作成は江戸にいる直孝が指示してきたという。その指示は内容にまで及んでおり、「執政」の土井利勝・酒井忠勝と直孝宛てのものは簡略な挨拶でよいが、「奉行」の松平信綱・阿部《あべ》忠秋《ただあき》・堀田《ほった》正《まさ》盛《もり》・板倉重宗《いたくらしげむね》へは捕虜人を戻すよう依頼する文言を入れるようにという具体的なものであった。これらの書翰は実際に持参され、幕閣それぞれへ渡されている。

幕閣各人へ宛てた書翰が持参されたのは今回が初めてであり、新たな外交関係構築のために直孝が指示したと考えられる。また、釜山で国書や土産品を点検して修正させるといった強引ともいえる要求を宗氏が独自で判断したとは考えにくく、幕閣宛て書翰の作成と同様、直孝による指南があったとみるのが自然であろう。

直孝がこのような指南をしていたことは日本側の記録からは確認できない。老中に知られることなく内々に指示していたのであろう。それは、朝鮮使節が江戸城で将軍と対面する儀礼を終え、宗氏の仕事に対する評価をしたのがほかならぬ直孝だったこととつながってくる。

寛永十三年十二月十三日、朝鮮使節が江戸城で将軍へ国書を渡す儀礼が滞りなく実施されると、翌十四日には御三家の徳川義直《よしなお》と徳川頼房《よりふさ》が登城して直孝、老中、宗義成と対面し、昨日の儀礼が無事終了した祝意を述べた。直孝はその返答として「私も同様、恐悦に存じます。また、今回使節が持参した書翰の文章は殊のほか謙遜されていたと感じます。公儀を敬して大君《たいくん》と書いており、明《みん》の年号も一字下げて書いていました。さてまた、日本の治徳を多くの文言で表現しており、これまでこのようにすばらしい書法があるとは知りませんでした。これはひとえに日本が太平で将軍の御威勢がなければどうして朝鮮より尊敬されることなどありましょうか」と述べ、国書の表記に満足の意をあらわし、今回の朝鮮使節の意義を高く評価した。引き続き直孝は、自分ら幕閣へも書翰が贈られ、そこでも幕府を尊敬している表現であったと述べると、義直は、朝鮮国の丁寧さは申しようがない程だ、と賞賛した

（「朝鮮信使記録」）。

直孝のこの発言は、幕閣を代表して朝鮮使節来日は成功したと講評したものといえる。しかし、そこで賞賛された文書は直孝が指南して作成させたものであった。直孝は、みずから指南して持参させた文書に対し、客観的な評価を下す風を装って賞賛したということになる。つまり、来日以前から直孝が描いていた筋書き通りに義成が動き、それを直孝が賞賛することで義成の朝鮮御用が評価されており、直孝による「自作自演」ともいえる。その結果、柳川一件の裁定時に与えられた「テスト」を見事クリアしたことになり、今後も義成が朝鮮外交を継続することが認められたのである。

主従意識の転換政策

黒田騒動と柳川一件は家光政権初期の代表的な御家騒動であり、その構造にも幕府の裁定にも共通性がみられる。

当時多く発生していた御家騒動には、実力により戦国の世を勝ち抜いてきた大名が代替わりする時期を迎え、世襲によって決定した新当主が前当主以来の家臣との間で新たに主従関係を築くことになるという状況が背景にある。当時の主従関係のあり方は個人同士で結ぶものであり、当主が代替わりすると主従関係を結び直す必要があった。その根底には、家臣側も主君の能力を見極め、主君を選ぶという戦国時代以来の意識が存在した。そのような主従関係の状況のもと、新当主に家中を押さえる能力が不十分な場合、主従関係をめぐる不和が生じて御家騒動に発展したという。それに対して幕府が採った解決策は主従意識の転換であった。能力主義を否定し、主君の能力の有無にかかわらず家臣が主君を支えるというものに主従意識を改革し、家臣組織の力で主君に与えられた役割を果たす体制を築くことを促した。この新たな理念は寛永十二年（一六三五）六月に改訂された武家諸法度に明示されている。元和元年（一六一五）の法度にあった「国主は政務の器用《きよう》を撰ぶべき事」という条文が削除されており、当主に「器用」つまり能力を求めることを否定したのである。それは、下剋上を否定し、主君と家臣の関係を変動させずに代々世襲させる社会への転換を幕府が志向したことを意味する（福田千鶴、一九九九）。

この転換に井伊直孝が関与しているのは確実である。

先に見たように、寛永十年の黒田騒動の裁定に際して新たな理念が採用されていた。その次の大きな裁定を控えた段階で、将軍家光が直孝を頼りにしていたことが次の書状からわかる。寛永十一年の上洛を終えて直孝が彦根に戻った直後、家光が直孝へ与えた書状に「今年・来年の内に大きなる仕置をするので、相談のために十一月の末か十二月初旬に江戸へ下向するように」とある（彦根藩井伊家文書）。江戸に戻った家光に待っている「大きなる仕置」とは、個別案件でいえば柳川一件や武家諸法度の改訂を指すが、根本的には黒田騒動の裁定で示した新たな理念を次の裁定にも取り入れ、本格的に幕府の方針として採用するかどうかの判断ということができるだろう。直孝は黒田騒動の解決策を主導しており、幕府の理念にかかわるこの議論になくてはならない存在であった。

この新たな主従意識の採用は、江戸時代の社会にとって大きなものとなる。「家」を単位として、長男を世継ぎに定めて安定的に次世代へ同様の枠組みを継承させる社会体制は、最終的には五代将軍綱吉の代のころまでに庶民へも定着し、二百年以上にわたる泰平の世をもたらすことになった。幕府がその方針を初めて採用したのが黒田騒動の裁定であり、そこには井伊直孝の尽力があった。

家光政権後期の状況

寛永十四年（一六三七）以降、直孝が政務補佐したことが確認できる事例がきわめて少なくなる。その要因の一つに家光の病気が挙げられる。家光は寛永十四年一月から翌年前半にかけて病気となっており、政務は執れず、諸大名との対面儀礼にも出座していない。寛永十四年末から島原の乱が起こるとその対処のため政務に復帰するが、将軍が病気となれば政務が滞ってしまう体制は変革を迫られ、寛永十五年十一月に老中を中核とする行政機構へと改変する。これにより直孝が将軍の政務判断を補佐する機会も減少した。

もう一つの要因に、直孝自身の病気がある。寛永十五年三月二十六日に将軍から直孝のもとへ病気見舞いの使者が遣わされており、これ以降、寛永十八年にかけて直孝は病気がちであった。江戸城への登城日は少なくなり、何度も江戸近郊の領地である世田谷へ赴いて休息をとっている。

それでも、幕政の重要事には関与していた。島原の乱で九州の大名へ出兵命令を申し渡した席には直孝も列座している。また、鎖国を完成させたとされる寛永十六年七月のポルトガル船来航禁止令は、直孝を筆頭として年寄一同が署名している。その直前の六月二十六日には老中が直孝宅へやってきて政務協議をしており、この件について協議した可能性が高い（『酒井家本江戸幕府日記』）。重要な政治判断やそれを公表する場には、依然として直孝が不可欠であったことがわかる。

大名家の御家騒動へも、引き続き直孝は関与している。寛永十七年には人吉《ひとよし》藩相良《さがら》家で起こった騒動が幕府に持ち込まれた。先代以来の重臣相良清兵衛《せいべえ》の専横を当主相良頼寛《よりひろ》が幕府に訴えたもので、清兵衛は江戸に召し出されて幕閣による審議にかけられた結果、配流という裁定が下された。その審議には直孝も名を連ねており（深水道代、一九七二）、病気を押して出席していたことがわかる。

なお、熊本に在国していた細川忠利は、清兵衛が江戸へ向かう途中で刀を取り上げられて罪人の扱いとされたという情報を入手すると、「さては掃部殿（井伊直孝）などは御存知なく候や、しれぬ事にて候事」と述べ、直孝が知らないうちに清兵衛を捕らえる決定ができたのかと疑念を呈している（『細川家史料』二六巻五七五三号）。ここでなぜ直孝の名が出てくるのであろう。忠利は直孝がこのころ体調不良であったことも承知していた。そのため、この案件は本来ならば直孝を加えて審議するべきところ、その意見を聞かないで清兵衛への処置を決定してしまったのだろうか、という意味と理解できる。忠利がそのように考えた真意はこの一文では判断しがたいが、少なくとも、幕府に持ち込まれた大名家主従問題は直孝も審議に加わるのが当然であるという認識が根底にあっての発言ととらえることができる。

寛永十八年になると、直孝の幕政参画の頻度が増える。五月ごろには直孝の体調が改善したようである。さらに、八月に将軍家世継ぎとなる男子（のちの四代将軍家綱）が誕生すると、直孝にはその後見という役が与えられ、宮参りと元服式《げんぷくしき》という節目の成長儀礼ではその役に基づく重要な役目を担った。寛永十九年二月に行われた宮参りは家綱が初めて江戸城から外出する行事であり、江戸城内の東照宮と産土神《うぶすながみ》である日吉山王社《ひえさんのうしゃ》へ参詣した後、井伊家屋敷で休息をとった。家綱が初めて訪問したのが直孝の屋敷ということになる。ついで正保二年（一六四五）、数え年五歳で行った家綱の元服式では、直孝は加冠役《かかんやく》を務めるとともに甲冑など武具一式を献上した。加冠役は「烏帽子親《えぼしおや》」とも呼ばれ、元服する者の後見人的役割を果たす（第四章にて詳述）。

家綱の成長儀礼の実施内容は今回新たに考え出されたものが多い。家光とは異なり、家綱は将軍の嫡子として出生したと同時に世継ぎと定められ、幼少期から諸大名と主従関係に基づいた儀礼を重ねることで、将軍予定者としての威光を身につけ、その立場を周知させていった。「江戸幕府日記」には、寛永十九年以降しばしば直孝が老中とともに家光に呼ばれて「密話」しているとの記載がある。議題は明らかではないものの、時期的にみてその一つに家綱の将軍世継ぎとしてのあり方があったと思われる。次世代への安定的な継承は幕府の主要課題でもあり、家綱を次期将軍と処遇する各種儀礼・行事に関する協議に直孝も加わったことであろう。

4　幼将軍家綱を支えて

慶安事件への対処

慶安四年（一六五一）四月、将軍家光が死去し、まだ十一歳の家綱が将軍職を継ぐことになった。同年七月、家綱が将軍宣下を済ませるまでの間隙を突いて、三河刈屋《かりや》藩主松平定政《さだまさ》の出家事件と由比正雪《ゆいしょうせつ》・丸橋忠弥《まるばしちゅうや》による牢人集団の蜂起が連続して発生する。いずれも幕政へ不満・抗議の意思を表明する行動であった。幼将軍への代替わりという政情不安に乗じて発生した両事件の鎮圧には直孝が主導的な役割を果たした。

定政が出家したのは旗本の困窮に対処しない老中政治を批判するためであり、その旨を記した意見書が提出されている。出家する前日の七月八日、定政は親しい大名を招いてこの意見書を託したが、その提出先としたのは直孝と老中阿部忠秋であった。直孝を宛先としたのは、「御家人の長」の直孝ならば旗本の苦境を理解できると定政が判断したためと考えられる。しかし直孝がその意見書に耳を傾けることはなく、十三日に直孝は自身の屋敷に江戸町奉行石谷貞清《いしがやさだきよ》と作事奉行牧野成常《まきのしげつね》を招いて協議し、十八日には定政の身柄をその兄松平定行《さだゆき》（伊予松山藩主）に預け、領地は没収するという処罰を公表して一件を終息させた。

その直後、由比正雪らの反乱計画が発覚する。江戸では丸橋忠弥が、正雪は駿府・久能山で蜂起する計画であったが、七月二十三日に密告する者があり幕府の知るところとなった。これを受けて翌二十四日、直孝屋敷に老中松平信綱がやってきて協議し、箱根の関所の警戒を厳しくするよう小田原藩主へ命令を下している。さらに、駿府城代らに対して非常時の警備体制を敷くよう命じた。

大名を取り潰す処罰や軍事命令は、将軍権力に基づき判断を下すことができる重要事項である。しかし、両事件が発生した時には家綱は幼少であり、さらに将軍宣下を受ける前で正式には将軍に就いていない。つまり、この時は将軍が命令を下せる状況にはなかったのである。そこで直孝が主導して判断を下し、緊急事態に対応したということである。

幼将軍への代替わりに際して起こった二つの事件は、将軍権力の空白を突くものであった。しかし、素早い対応で未然に防ぎ、厳然とした処罰を下したことで、将軍を補佐する体制が十分に機能していることを世に示すことになり、代替わりの危機をうまく乗り切ったといえる。その体制の中核には、家光の時代よりその判断を補佐してきた直孝がいた。

集団指導体制の一員として

家綱が成人するまでの約十年間は年寄や徳川御三家らによる集団指導体制で幕政が運営されていた。家光政権期以来の老中に加え、酒井家嫡流である酒井忠清《ただきよ》が幕閣の首席に就く。世継ぎ時代から家綱を後見していた直孝もその一員であった。

代替わりから一年が経った承応元年（一六五二）六月十日、直孝は徳川御三家とともに家綱に召されて馬を拝領した（「右筆所日記」）。これまで一年余り続けてきた将軍後見に対する慰労と、この先も江戸に滞在して引き続き務めるようにという意味が込められている。直孝は幕政に参与して以来、寛永十一年（一六三四）に帰国した後は一度も彦根へ戻っていない。幕政が一段落すれば帰国する意向はあったようで、正保三年（一六四六）には彦根の家臣へ向けて、来年には暇を得て彦根に戻る予定であると伝えていた（『久昌公御書写』）。しかし、結局その機会を逸してしまい、家光没後は家綱を後見するため江戸を離れることはなかった。

直孝の「後見」には次のようなものがある。承応二年二月三日、家綱は「表御寝初の儀《おもてぎょしんはじめ》」を執り行い、表御座所を寝所とするよう改めた。しかしその数日後、直孝は余寒強いとして「奥」で御寝するようにと進言している。また、同年五月十九日には家光の治世で勘気を蒙った者を赦免するようにと恩赦の実施を進言している（『徳川実紀』）。いずれの進言も聞き入れられており、頻度は少ないが直孝が家綱の行動や政務判断に助言していたことが確認できる。日常的にも、将軍が諸大名らと対面する儀礼の場で伺候・着座しており、家光の代と同様の役割を担っていたといえる。

家綱政権に入っての大きな変化として、家光の異母弟である保科正之が直孝の役割を継承するようになった点がある（次章参照）。承応二年五月ごろからは、直孝と正之が定期的に登城して、将軍の御機嫌を伺っている。幕府行事や将軍の体調などにより左右されることはあるが、たいてい毎月五日ごろと二十日ごろに定期的に登城した。

幕政への影響力という点では家光の時代とは大きく変化している。将軍自身が政務判断することはなくなり、外交関係も安定しつつあったからである。わずかに将軍がするべき政務判断を提言することはあったが、幼少の将軍の成長と身体の安寧を見守ることが直孝の主な役割となった。

殉死禁止の実現

晩年の直孝が尽力した政策に殉死《じゅんし》の禁がある。

殉死とは、主君の死に殉じて自ら命を絶つ行為であり、主君個人に忠義を尽くす意識に基づく。殉死は戦国の遺風といわれるが、実際には戦乱が終結した江戸時代初期、家光政権期を中心に流行し、伊達政宗（寛永十三年死去）・細川忠利（寛永十八年死去）ら有力大名や将軍秀忠・家光に殉死者が出ている。殉死者には、主君の取立により破格の出世をした者、主君の恩情により命を助けられた者、主君と男色関係にあった者という共通性があり、このような寵愛を受けた者は殉死するべきという世間の認識があった。家光は遺言で殉死を禁じたが、この条件にあてはまる堀田正盛（元老中）の殉死には誰もが納得し、寵愛を受けたが遺言を守って殉死しなかった者には世間から非難の目が向けられた。

家綱政権では、このような殉死の禁止に本格的に取り組んだ。幕府は寛文三年（一六六三）の武家諸法度発布と同時に諸大名へ殉死の禁止を明言し、違反した大名には処罰を加えるという強い姿勢で臨むと、殉死は姿を消していった。幕府は主君の家代々へ奉公するという意識への転換をめざしており、その一環として主君個人に忠誠を誓う殉死は根絶させる必要があったのである。

これまで、幕府に殉死禁止を提唱した人物として徳川光圀《みつくに》と保科正之が知られている。いずれも家綱の集団指導に加わっていた人物であり、寛文元年に自らの家臣へ殉死を禁止するとともに幕府へも建議したと『水戸光圀正伝義公行実』『会津藩家世実紀』といった伝記・家譜に記されている。

しかし、それより早い明暦三年（一六五七）、対馬藩主宗義成の死去に際して老中松平信綱が殉死禁止を指示していたことが確認できる（山本博文、一九九四）。信綱の指示は将軍からの命令であり、義成はその旨を遺言として家臣に命じたが、家臣たちはそれに納得せず、抗議の意思表明として百六十名もの家臣が扶持を離れてしまった。結局、幕府は家臣の意思を受け入れざるを得ず、対馬藩では殉死を断ち切ることはできなかった。

ついで、翌万治元年（一六五八）に死去した宇和島藩主伊達秀宗《ひでむね》の時には、直孝が殉死を阻止しようと動いている。直孝はその妹が秀宗の正室という親戚関係にあり、以前より伊達家に発言力があった。秀宗が死の床につくと、その家老である宮崎八郎兵衛が殉死の覚悟を決めていると聞いた直孝は、たびたび直接会って慰留し、秀宗没後は伊達家へ使者を派遣して八郎兵衛を見張らせて殉死を阻止しようとした。しかし八郎兵衛は湯殿に入った隙に切腹してしまった（古川哲史、一九七三）。武家社会に広く浸透した意識は根強く、幕閣個人の働きかけだけでそれを改めるのは難しかったということである。

これらの「失敗」を経て、直孝が死を迎えた時には殉死者を出さないことに成功した。

直孝は万治二年六月二十八日に死去する。その直前の同月二十四日、家臣の内山太左衛門・宇津木六之丞・内山長右衛門の兄弟三人が直孝の跡継ぎである直澄の元へ呼び出され、殉死を禁じる直孝の意向が伝えられた。直澄は直孝の御意《ぎょい》として、殉死は直孝の思いに沿わず、奉公にならずかえって不忠になると述べる。さらに「御家（井伊家）で殉死する者が出れば、御家の御外聞、御恥と思う。その上後生《ごしょう》の障りになり浮かばれない」「直孝への御恩を忘れず、直孝の為と思うなら直澄へ奉公し、どのようなことが生じても、草履を取るような任務であっても、最後まで奉公することを忠節と思う」と続く。殉死は直孝の意向に背く行為であり、殉死されると直孝は成仏できないとまで述べて殉死しないよう説得した（宇津木三右衛門家文書）。

彼らの父は杉監物《すぎけんもつ》という真田幸村《ゆきむら》の家老であり、大坂夏の陣で豊臣方に参陣したため敗戦後、本来ならば妻子とも処刑されるところであった。ところが、その舅《しゅうと》(三兄弟の母方の祖父)の内山十郎左衛門が直孝の重臣であったため、直孝は家康に助命を願って監物と妻子を十郎左衛門方に引き取り、その後三兄弟とも直孝に仕えた。殉死すべきとされた者の要件に主君から命を助けられた場合があり、それに該当する内山兄弟は殉死を決心していたが、直孝はそれを察知して禁止を厳命したのである。

結局、内山兄弟はこの説得を受け入れ、翌日、殉死しないと返事した。そうすると、三人は病床の直孝のもとへ召し出されて言葉をかけられ、さらに三人それぞれへ百石ずつの知行加増が許された。殉死を諦めたことに対して褒美を与え、その判断を主君が賞したということである。これは、他の家臣が内山兄弟の判断を批判することを封じ込める効果もあったと思われる。殉死の禁止が容易ではなかった要因に、殉死しないと世間から後ろ指を差されることになり、世間からの心理的圧力によって殉死を選ぶ者がいたという状況がある。殉死の禁止を実現するには「世間」の意識改革が不可欠であった。直孝はそれを承知しており、褒美を与えることで殉死を否定する新しい価値観を家臣全体に示したといえる。

それまで幕府・大名は殉死を無益の死と認識していたが、殉死する家臣側の抵抗により容認せざるを得なかった。ところが、直孝が成功させて殉死禁止は実現可能であると証明してみせた。いまだ殉死を志向する風潮が根強いにもかかわらず、その数年後に幕府や大名家で禁令を発した背景に井伊家の成功例があるのは確かであろう。直孝は、黒田騒動の裁定以来、個人ごとに主従関係を結ぶ意識を改めて「家」を単位とする社会へと転換する政策を推進してきた。殉死の根絶は主従意識転換のため不可欠であり、直孝は死の直前までこの課題に取り組んだといえよう。

直政の役割を継承して

以上、家光・家綱政権という幕政の確立期に、直孝は年寄として政権の根幹にかかわる重要な役割を果たしたことをみてきた。その内容にはある傾向がみられる。

直孝が政務協議に参画し、大名へ伝達する場に列座した案件として、

①武家諸法度や鎖国令など、幕府の基本方針

②大名家の存続・改易や国替えといった処遇の決定

③島原の乱への出兵など大名への軍事出動命令

④家綱の将軍家跡継ぎとしての処遇

が確認できた。直孝が務めてきた役割はのちに「大きなる御用」と称されるが、家綱が誕生するまでは大名に対する政務がその大半を占めていたことがわかる。

当時は「大名」といえば国持大名と呼ばれた有力外様大名を指すことが一般的であった。彼らは豊臣政権時代には徳川と対等な関係にあり、彼らを臣従させることで徳川は武家政権を樹立した。彼らが刃を向けてこないよう統制することが幕府の課題であり、家光政権冒頭で加藤忠広を改易して将軍権力を示したのも彼らを牽制する意味が込められていた。

直孝はそのような大名への応対に従事することが求められたということである。その理由は父直政の役割の継承という点から読み解くことができる。直政は徳川家中では唯一、豊臣政権下で諸大名と肩を並べる存在であり、彼らと対等な関係で交渉していた。関ヶ原合戦時には家康の名代として諸大名を統率しており、合戦後には軍功調査や論功行賞を主導した。直孝の「大きなる御用」とはそのような直政の役割を継承したものといえるだろう。

このような直孝の立場は正月儀礼での礼席にあらわれている。直孝は松平忠明ら他の徳川家臣とは異なり、国持大名の列に加わり年頭御礼を述べた。直孝が正四位上中将へと官位が昇進した翌年（正保三年）からは、直孝の御礼順は徳川一門の次へと変更したが、それに代わり直孝嫡子の直滋が国持大名の列に加わっている（『酒井家本江戸幕府日記』）。これは、井伊家は国持大名と並ぶ存在であったことを儀礼で表現したものといえる。直孝は、徳川家

臣でただ一人、国持大名と対等な格式を有し、その格式をもって対大名政策にかかわったと考えられる。

ここで、直孝は「御家人の長」として「士政の相談」にたずさわったという林鵞峰「林氏異見」の叙述（一頁）を思い起こしたい。直政から継承した「御家人の長」の立場に基づいて、直孝は大名に対する政務について将軍の相談に乗ったという意味であり、これまで述べてきたことに一致する。

三　直孝の役割の継承

1　直孝の跡継ぎ

直孝の死

直孝は万治二年（一六五九）六月二十八日、七十歳で死去した。前年より病気がちであったところ、六月に入ると将軍家綱から病状伺いの上使として老中らが何度も井伊家屋敷に遣わされている。二十八日には危篤との知らせを受けて老中稲葉正則《まさのり》が遣わされ、引き続き酒井忠清・松平信綱・阿部忠秋とすべての老中が直孝のもとに向かった。直孝が死去すると、七日間の「町中見せ停止」が触れられ、当日は近習・詰衆・番衆らと譜代衆、翌日には将軍の弟、御三家、国持大名といった主な大名がこぞって登城し、老中に対面して家綱への御機嫌伺いを述べた。さらに、七月一日は月次御礼日ではあるが家綱の愁傷《しゅうしょう》の意が強いため中止となった（「柳営日次記」）。

「町中見せ停止」は鳴物停止令《なりものちょうじれい》の一種と考えることができる。幕府はこの後、将軍とその家族、御三家、幕閣の死に際して楽器や普請といった音を出すことを停止させる鳴物停止令を整備し、対象者と停止日数を規定している。直孝の死去時はまだこの法令は整備されていなかったが、すでに将軍家光の死（慶安四年）や伊達政宗の死（寛永十三年）に際して商売停止や鳴物停止が発令されていた。政宗の時には将軍家光自ら精進し、老中を伊達家に派遣して哀悼の意を伝え、七日間の魚類売買・漁・鳴物・見世物の停止が命じられている（中川学、二〇〇九）。直孝の死への対応は、上使派遣や停止日数からみて政宗の時と類似したものであったと推測できる。
直孝の死による「町中見せ停止」、月次御礼の中止、御機嫌伺いはすべて将軍家綱の愁傷の思いに寄り添ったものであった。それほど家綱にとって直孝は大きな存在であったことがうかがえる。

井伊直孝遺訓

直孝は死の直前、跡継ぎとした直澄へ十三ヵ条の遺訓を残した。

第一条では、将軍家への奉公が第一と説く。

上意の義は申すに及ばず、御老中無心千万なること御申し付け候とも、毛頭心にかけず、一向御奉公第一に相務められ候義、本意たるべく候、忠節または我らへの孝行これに過ぎず候、御代々の御厚恩子々孫々忘れ奉るべき儀これなく候

（将軍の上意は申すに及ばず、老中が思慮浅く申し付けてきたことであっても、将軍家への奉公を第一と考えて務めるように。将軍家への忠節や直孝への孝行をしようとするならこれ以上のものはない。将軍家代々の厚い御恩を子々孫々まで忘れないように）

第二条では、常に軍備を整えておくようにと述べる。

大権現様（徳川家康）以来、泰安（井伊直政）・我等御用に立ち来たり候段その隠れなく候、其方指し詰めのことに候間、武道昼夜忘却あるべからず候（以下略）

（家康の代以来、直政と直孝が徳川のために活躍してきたのは紛れもない。直澄も常に武道を忘れないように）

これら冒頭二ヵ条では井伊家の役割が端的に示されている。徳川将軍家への奉公が何より重要であることと、井伊家は軍事面で奉公する家柄であるという二点である。直孝自身がこの二つを信念として仕えており、直澄にもそれを求めたことがわかる。さらに、この遺訓は歴代当主や家臣にも読み継がれ、武を重んじ質実剛健を旨とする井伊家の家風の柱となった。

第三条・第四条は跡継ぎに関する指示である。

第三条では、もし兵乱が起こり、隠退している井伊直滋《なおしげ》（直孝長男）が別働隊を率いて出兵したいと望んでも、それに応じてはいけないと述べる。次に述べるとおり、直滋は直孝の世継ぎとして長年幕府に出仕していたが、自らの意思で隠退してその立場を離れており、直孝が亡くなる直前に末男の直澄が当主を継ぐことになった。直滋が大名社会に戻る意思がないのは明らかであるが、万一の場合に家臣が直滋を擁立する可能性を考えて、家の分裂につながる行為をあらかじめ禁止したということである。

第四条では、直澄には正室を迎える必要はなく、直時（直孝三男）の息子である吉十郎《きちじゅうろう》（後の直興）を養子とし、直澄に息子が生まれても家臣とするようにと命じた。この時点では次世代の跡継ぎとなる孫は吉十郎しかいなかったが、直澄に男子が生まれると跡継ぎ争いが生じる可能性がある。ここで次の跡継ぎを宣言しておくことで家督争いの芽を摘み取っておこうという意図が読み取れ、家の安定的な継承を第一に考える直孝らしい遺言といえる。

第五条以下は家臣の登用基準、当主の心構えなど、井伊家当主としてあるべき姿を説く。

有力大名並みに遇された世子直滋

井伊直滋は直孝の長男で、長年、その跡継ぎ（世子）として幕府に出仕していた。通常、成人して将軍から次期当主の立場を認められた世子は殿中儀礼に参列するなど幕府への出仕を開始する。しかし直滋はそれにとどまらず、将軍の傍らに仕える重要な御用をしばしば務め、また、直孝に代わって彦根へ帰国して藩政にたずさわった。通常の世子とは異なる扱いを受けた希有な存在といえる。

この状況は、直孝が幕府へ強く働きかけて作り出されたと思われる。

直滋処遇の直接的な根拠は、侍従という世継ぎとしては破格の官位にあった。寛永八年（一六三一）の年末に二十歳で侍従の官位を授かっている。当時の譜代大名の官位序列でみると、父直孝（少将）、松平忠明（侍従）に次ぐ第三位となり、多くの譜代大名より上位に位置することになった。その時期が死の病に臥した大御所秀忠のもとへ直孝が呼び寄せられた直後にあたることから、その段階で家光政権に直孝が参与する話が内々にあり、直孝はそれを引き受ける条件として直滋の侍従任官を求めたのではないだろうか。それは直孝が政務参与を開始して半年ほど経たころに出た国替えの噂と関連して考えることができる。

寛永九年七月、直孝に国替えの噂が出る。直孝は改易された加藤忠広の旧江戸屋敷を拝領するとともに、藤堂高虎の領地である伊勢・伊賀へ移り、それに代わり松平忠明が井伊家領へ入るというものである（『細川家史料』七巻一七五一号）。実際には加藤屋敷拝領のみ実施され、国替えは実行されなかった。それでも国替えが検討されるだけの理由は存在する。当時、徳川の軍事力を担う譜代衆は各地の軍事拠点となる城郭を任されており、当主は在国するのが基本であった。直孝も寛永八年まではそうである。ところが、家光政権となり政務参与を命じられ、さらに年寄衆へ入ることとなった。年寄として将軍の信任が厚い現状では、万一軍事出動する事態が生じた場合、将軍の傍らにいて補佐することが求められ、彦根に戻ってその部隊を指揮することはできない。その不備を解消するため、井伊家に次ぐ軍事部隊を率いる松平忠明に彦根を任せる案が出たのではないだろうか。一方、藤堂の所領は伊賀一国と伊勢をあわせた三十二万石で、家康は大坂城包囲網形成の一環として藤堂高虎をここに配していた。しかし、豊臣氏の滅亡により軍事上の重要度は低下している。井伊家を彦根ほど軍事的要地ではない藤堂領へ移し、新たに加わった役割と差し引きして井伊家の軍事負担を軽減させる。井伊家にとっても伊賀一国を領するので国持大名の格式に引き上げられることになり悪い話ではない、というのが国替えの計画ではないだろうか。

しかしこれは実行されなかった。直孝は江戸に滞在することによる軍事統率力低下を防ぐ策をすでにとっており、国替えを必要とする意見をくつがえしたと思われる。それが直滋の登用である。直滋は侍従という国持大名並みの格式を得ており、日常的な殿中儀礼では譜代上層の大名と行動を共にしていた。また、将軍が先祖の廟所に参詣する際に太刀役《たちやく》を務めている。太刀役は公家の正装である衣冠束帯《いかんそくたい》を着用する者に近侍してその太刀を持つ役である。

直滋以外には高家《こうけ》が太刀役を務めることもある。高家は幕府の儀式典礼をつかさどる家で、吉良氏・今川氏など室町時代以来の名家が世襲した。彼らは侍従以上の官位ではあるが領地は数千石に過ぎない。つまり、侍従の官位を有するが領地を持たない直滋にもっとも近いのが高家であり、彼らと同様の役割を務めることにより、直滋を単なる世子ではなく将軍から直接役割を与えられた家臣と位置づけようとしたと考えられる。ひいては一人前の将軍家臣として軍事統率力を認められることになり、出陣する事態となれば直滋が井伊隊を率いることができるようになる。これにより国替えを必要とする理由を否定できた。実際、直滋はこの後直孝に代わり何度も帰国し、家臣・領地支配の面で直孝の名代を務めている。

直孝は、徳川の軍事力を担い彦根を警固する役割に加え、将軍家光の傍らに仕えることを求められたため、直滋を大名並みの扱いとして自身の代理を務めさせたと考えられる。言い換えれば、直孝へ求められた役割が一人では負いきれないほど膨大なものとなったため、一部を直滋に任せて二人で担ったということになる。

直滋の隠退と跡継ぎ問題

直滋は、明暦元年（一六五五）、四十四歳までは変わらず出仕していたが、翌年早々から幕府への出仕が確認できなくなる。「柳営日次記」には、明暦二年は閏四月に湯治に出かけたという記述しか見られない。

実は、直滋は明暦元年十二月に上野寛永寺《かんえいじ》へ入って出家を試みていた。遁世《とんせい》して将軍家臣としての立場を捨てようとする行為である。そのときには家臣の説得により屋敷へ戻り、幕府には病気という理由を伝えて出仕を中断していた。その後出仕を再開することなく、万治元年（一六五八）の年末に再び寛永寺に入る。さすがに二度目となれば直孝も直滋の意図を受け入れざるを得なかったのであろう。幕府の知るところとなり、閏十二月二十六日に老中阿部忠秋が井伊家にやってきて事情聴取している。遁世が幕府に承認されると、直滋の身柄は近江に移され、彦根藩領にある百済寺《ひゃくさいじ》（滋賀県東近江市）で蟄居して生涯を閉じた。

図15　井伊直滋の墓　百済寺夷母谷の直滋屋敷跡に建つ.
写真提供：釈迦山百済寺

直滋の行為は、大名並みに出仕していた立場を捨てて自ら命を絶ったに等しい。ではなぜ遁世したのか。その理由は直滋の人物評から読み取ることができる。

公（直滋）為人深泥（沈カ）有大略、議論英発、威儀堂々、兼精武芸、弓馬刀鎗之術皆窮其奥、幼而出身初仕台廟（徳川秀忠）、尋仕猷廟（徳川家光）寵遇之盛一時無双、猷廟嘗許公以増封四十万石、公亦負其才慨然以功名自期、天下仰望殆過久昌院君（井伊直孝）、不幸猷廟損世加以父子不相和、隠身深山抱憤而終云々

（「井伊家譜」東京大学法学部研究室図書室法制史資料室所蔵）

（直滋の人となりは考えが深く落ち着きがあり、議論は英発、威儀堂々としており、武芸に精通し、弓馬刀鎗の術はいずれも奥義を極めていた。幼くして秀忠に仕え、家光に仕えてからは寵遇を得て、加増して四十万石にすると約束があった。直滋もその才能を自負し、奮起して功名することを自ら決心した。天下が頼り慕うのは直孝以上であったが、家光死去後、父子が不和となり、深山に身を隠し、憤りを抱いて世を去ったという）

直滋の遁世理由は、ここにも記されている父との不和が江戸時代を通じての定説である。父子対立の一例として伝わる逸話には、江戸屋敷で近火があった際、直孝が家臣を屋根に登らせて消火にあたらせようとしたが、直滋は人命優先を主張して家臣を屋根から下ろしたというものがある（「井伊家譜」井伊岳夫氏所蔵）。父直孝よりも家臣に寄り添う人物であったと描かれており、藩政への考え方の相違が不和の一因にあったのではないだろうか。

そのほか、直孝は直滋を自分の跡継ぎと見なしていなかった節がある。直滋の息子十一郎は幼少期より領内の覚《かく》勝寺《しょうじ》（彦根市）に預けられ、京都建仁寺《けんにんじ》で出家している。これは、直孝が十一郎を嫡孫と認めず、井伊家の後継者としないと判断したことを意味する。

この考えは、直滋の弟たちの待遇からもうかがえる。直滋の弟で成人した者は直寛、直時、直澄の三人である。直寛の母は木下長嘯子《きのしたちょうしょうし》（豊臣秀吉正室北政所の甥）の娘と伝わる。直寛と直時は元和八年（一六二二）生まれで直滋とは十歳差、直澄は両名より三歳年下である。実は直寛は双子で生まれたという（「井伊御系図聞書」井伊家伝来典籍）。公式な系譜には記されないが、直寛と直時は成長に伴い格差なく処遇されているので、この二人が双子であった可能性は高い。

直寛、直時、直澄の三人は揃って寛永十一年に将軍家光へ初御目見し、庶子（跡継ぎ以外の男子）として幕府行事へ出席するようになった。直孝は大名家の娘を母とする直寛を、直寛が病気のため国元へ戻った後は直時を将来的に跡継ぎにしたいと考えていた形跡がある。直寛に直孝の幼名である弁之介《べんのすけ》と名付けたのはその根拠の一つである。また、直滋の人物評には、家光が直滋に対して領地加増を約束したとあった。そうであれば、直孝は直滋へは新領地を拝領して別家をたてて独立させ、直孝の跡は直時に継がせようと考えていたのではないかという推測ができる。結局、万治元年に直時の死去と直滋の遁世が相次ぎ、直孝が亡くなる直前に直澄が跡継ぎとなることが確定した。

直孝は江戸に居ながらも彦根での状況を家老から報告させており、家臣の処遇や領地支配について書面で詳細な指示を下している。幕政にたずさわり国元に戻れなかったとはいえ、藩政を家老任せにせず自ら主導していた。しかし、直滋や直澄へその息子への家督継承を認めないなど、その指示には非情な一面もみられる。直滋が家臣に慕われたという逸話が残るのも、直孝のワンマンな姿勢とは対照的だったためではないだろうか。戦国の遺風を一掃して新たな体制を築くためには強いリーダーシップが必要であり、直孝の力がそこで発揮されたのは紛れもない。

しかし専制的な政務は周辺で仕える者へ無理を強いる一面もある。直滋の遁世とは、そのような父に長年仕えてきて蓄積された不満が限界を超えた末の行動という気がしてならない。

2　井伊直澄への家督継承

末男から跡継ぎへ

直孝が死去すると、その家督は四男の直澄が継承した。当主を継ぐべき兄が次々といなくなったため、思いがけなく末子の直澄へと当主の座が巡ってきたのであった。ただし、父直孝の遺命により、次の当主には兄の息子を就かせることが決まっている。直澄の当主就任とは、直孝が認めた嫡孫へ継承させるまでの中継ぎという意味があった。そのため、直澄は息子に跡を継がせることはできず、二人の息子は井伊家家臣の武藤家と中野家の養子となり、家臣として処遇されることになった。

一方で、直澄の時代は井伊家当主の役割が整理された時期と評価できるだろう。直孝の当主時代は、直孝自身は幕政に重責を担っており国元にはほとんど帰国できず、世子の直滋が当主同様の出仕をするという変則的な状態が続いていた。井伊家当主の役割が二人に分割されていたが、直澄の代になるとそれらが一人のもとに集約され、次世代へと継承される井伊家の役割と格式の基本形が形成されたといえる。直澄の時代は、将軍でいえば家綱政権後期から綱吉政権前期にあたり、その後約二百年にわたり受け継がれていく社会の枠組みが確立した時期にあたる。そのような時代性の中で井伊家の役割も確立していく。

直澄の幕府での立場・格式は、大きく二期に分かれる。家督相続当初は兄直滋と同様のものであり、それから十年後の寛文八年（一六六八）になり父直孝が務めていた年寄の役割を受け継いだ。

江戸城で日々繰り返される行事では、類似した立場・格式の大名が一緒に行動し、その中で序列順に並ぶ。それを決める指標には、親族・外様・譜代といった将軍との関係、領地の大小、官位などがあった。元禄末年ごろにはそれらの指標に基づいて大名を七区分した「殿席《でんせき》」が成立し、井伊家は「溜詰」に属したが、それ以前からその前身ともいうべき集団が存在していた。

「譜代」上層集団の一員

慶安四年（一六五一）、将軍家綱の代替わり後初めて行われた諸大名との対面式では、まず黒書院で御三家・越前松平家の次に譜代の一部の者が御目見し、次に白書院で外様大名やそれ以外の譜代らが御目見した。黒書院で対面した譜代は、保科正之・井伊直滋・松平定行・松平忠弘《ただひろ》である（『酒井家本江戸幕府日記』）。このとき帰国中の松平頼重《よりしげ》を含めて、彼らには徳川将軍家の親族という共通性がみられる。井伊家も直政以来、徳川一門の扱いを受けており、徳川の軍事を担う「譜代」のうち徳川親族の家で上層集団を形成していたということである。ただし、別の儀礼に目を向けると、たとえば節句の対面式では保科正之・松平頼重は井伊直孝と同じ席で、それ以外の者はほかの譜代の列に加わっており、彼らは常に一緒に行動したわけではない。「譜代」上層集団は、その中に格差があったという点で殿席とは異なる。

直澄は、井伊家当主として出仕を開始した当初より、殿中儀礼ではこの「譜代」上層集団の一員として行動している。直滋の立場を受け継いだということである。

寛文二年（一六六二）、直澄は新たに二つの御用を拝命した。一つは将軍が諸大名と対面する席で「老中並みに御次之間に詰める御用」であり、松平頼重と同時に拝命した。この役割は直孝が務めていたという。直孝が松平忠明とともに拝命した御用に、将軍が諸大名と対面する席での「伺候」「上意伝達」があった。直澄らが拝命したのはこれらのうち列

表2 「譜代」上層の構成員 慶安4年

	領地・石高	関係
保科正之	会津・23万石	徳川秀忠の実子，保科家を相続
井伊直滋	(彦根・世子)	
松平定行	松山・15万石	松平定勝(家康異父弟)の跡継ぎ
松平頼重	高松・12万石	水戸徳川頼房の長男，別家をたてる
松平忠弘	山形・15万石	松平忠明(家康養子)の跡継ぎ

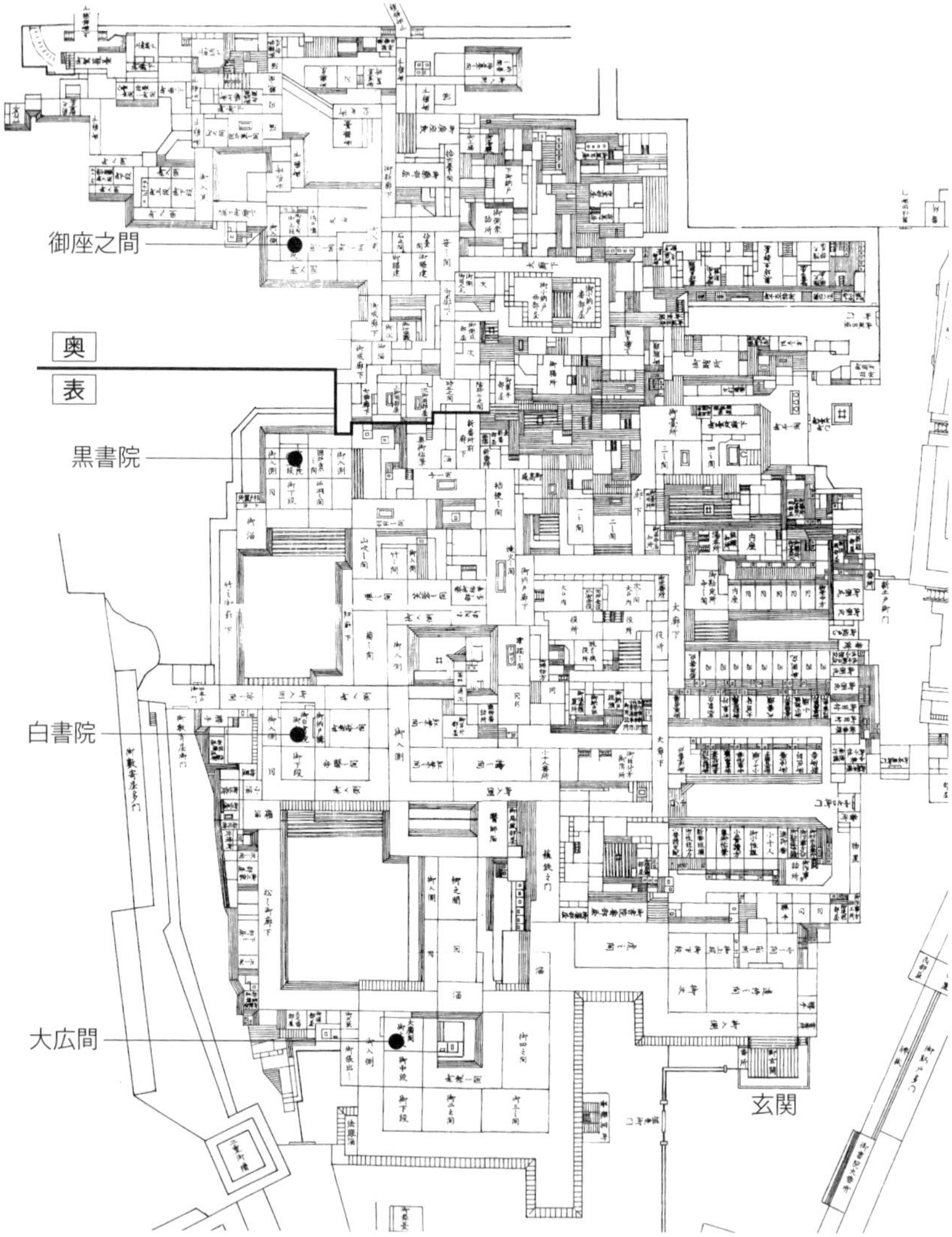

図 16　江戸城本丸御殿「御本丸表中奥絵図」(『徳川礼典録附図』)に加筆

座する行為だけであり、将軍の意を伝える行為は含まれない。

もう一つは、将軍が先祖の廟所に参詣する際、現地で将軍の到着を迎える「予参《よさん》」である。すでに保科正之・松平頼重が務めており、彼らと同様の御用を直澄も拝命したということになる。

直孝亡き後、この両名が「譜代」の中で最上位に位置していた。直澄は当主となってから約三年後、大名としての出仕に慣れたころに彼らと同格に処遇されて、直孝の役割・格式に徐々に近づいていった。

大年寄の継承

直澄が大年寄、つまり直孝が年寄の一員として務めていた役割を拝命したのは寛文八年（一六六八）、四十四歳の時である。

寛文八年十一月十八日、直澄は江戸城本丸御殿の御座之間《ござのま》に召し出されると、将軍家綱より「父掃部頭（井伊直孝）のとおりに松平式部大輔（榊原忠次）跡役仰せ付けらる」（『柳営日次記』）と伝えられた。大年寄は直孝の存命中に保科正之にも命じられ、寛文三年には榊原忠次も拝命していた。しかし忠次は寛文五年に死去しており、直澄の拝命時に大年寄を務めていたのは正之ひとりだけであった。

この御座之間での拝命時に、直澄は一旦断ったが正之の説得により受け入れたという話が伝わる。直澄は四十歳を過ぎたがいまだ若年であり、文字が読めず、病弱でもあるという理由を挙げて断ろうとしたが、正之が「家綱は六、七年前より直澄を年寄に就けたいという意向を持っていたが、老中らが年齢を考えて仰せ付けるのがよいと進言したため、今まで待っていて今回の任命となった」と述べたため、直澄は受け入れたとある（『新修彦根市史』六巻一二九号）。もちろん、本気で断る意図があったのではなく謙遜の意を込めて一度は断ったまでのことであろうが、正之の発言から任命がこの時点となった理由が読み取れる。家綱はもっと早くに任命したかったが、年齢を基準に考えてこの時になったということである。では、このときの直澄の年齢にはどのような意味があるのだろう。実は直孝の年寄入りが四十三歳であった。直孝が大年寄となった年齢を過ぎたため、直澄も大年寄を務めるにふさわし

表3　大年寄井伊直澄の列座機会　延宝2年1月～6月

対面者	参勤御礼	暇御礼	官位御礼	その他
徳川御三家	1	1		
御三家の分家		1		
国持大名	3	5	1	1(家督御礼)
譜代			2(侍従・四品)	
高家・その他				1(伊勢名代暇) 3(日光へ派遣)

江戸幕府日記(右筆所日記)より，井伊直澄が伺候または挨拶に加わった対面儀礼の数を抽出した.

いと判断されたと考えられる。

また、「柳営日次記」には直澄の大年寄拝命について「表向御挨拶そのほか大きなる御用仰せ付けられ候」と記しており、「表向御挨拶」と「大きなる御用」が大年寄の主な職務内容であったことがわかる。表向き（江戸城御殿の「表」空間）での「挨拶」とは、将軍が外部勢力と対面する場に老中とともに列座し、将軍に代わりその意を発言する行為で、寛永九年に井伊直孝・松平忠明が拝命していた役割に含まれる。実際に直澄がどのような場合に列座していたか対面者・目的ごとに「右筆所日記」から抽出したところ、徳川御三家とその分家、国持大名では参勤・暇や家督相続の御礼の際に列座していた。一方、譜代大名に対しては官位が四品（従四位下）以上に昇進した場合のみであり、限定的であったことがわかる。このほか、月次御礼でも直澄は老中とともに列座している。列座機会は直孝・忠明と同様であり、「表向御挨拶」は直孝・忠明による列座・上意伝達の役割を継承したものといえる。

「大きなる御用」の変質

日常的な対面儀礼のほかにも、重要法令の発布など重要事を諸大名に伝える際には大年寄が申し渡しに加わった。家綱政権では武家諸法度（寛文三年）や証人制廃止（寛文五年）といった重要法令を諸大名へ公布する際、保科正之らが老中の上座に列している。直澄の大年寄時代には、重要法令を発布する機会はなかったが、御家騒動の裁定を申し渡した事例がわずかにある。仙台藩伊達家の伊達騒動である。寛文十一年（一六七一）、幕府は幼少の当主伊達綱村《つなむら》を後見していた一族の伊達宗勝《むねかつ》らを配流とし、当主綱村は罪を問わないという裁定を下す。その裁定結果を伝達したのは直澄と酒井忠清であった。まず直澄が綱村は処分しないという裁決主文を述べると、酒井が詳細を伝えた（「柳営日次記」）。直澄は、大名家の存廃にかかわる将軍の裁定を公表するという直孝の役割を継承していた。

一方で、協議への関与については直孝時代と異なる。直孝は黒田騒動や柳川一件といった大名家の存廃にかかわる将軍・幕閣の協議に年寄の一員として参加していたのに対し、伊達騒動では酒井忠清邸で実施された審議に直澄が出席した形跡は見当たらない。

家綱の時代となり、家光時代とは将軍の政務へのかかわり方が変化している。家光は自ら政務判断をしており、判断するために直孝の意見を必要としたのに対し、家綱の時代になると幕政は安定化し、将軍が独自に政務判断を下すことはほぼなくなった。家綱は「左様《さよう》せい様」と言われたように、酒井忠清や老中らが言上した内容をそのまま上意としている。それに伴い、将軍の決定に対する大年寄のかかわり方が大きく変化したということである。

それでも、大年寄が政務へ関与しなくなったというわけではない。「御覚書」には「直澄が大老役を仰せ付けられた時、保科正之も同じ役を務めていたが眼病のため出仕はしなかった。諸事天下の相談を将軍が老中へ命じたとみられ、井伊家へも老中が相談の使者としてやってきたという」とある。老中が保科正之のもとを訪問して「天下の相談」をしており、それが直澄の時期にも継承されたということである。重要事項を決定するには大年寄に諮るという手順を踏むというのは直孝時代と同様である。ただし、その発言の影響力という点では直孝時代にはまったく及ばないだろう。直孝の時代は将軍自身が幕府の根幹にかかわる決定を迫られており、その決定を補佐する直孝の役割は重要であった。また、それに応えられるだけの能力を直孝は持ち合わせていた。時代性と能力の両面からみて、直澄に直孝と同様のものが求められたわけではないだろう。時代が下るにつれて、実質的な相談というよりも、老中が提示した案へ承認を求めるといった形式的な諮問に変質したと思われる。

3　大老職の成立

直興の大老就任

元禄十年（一六九七）六月十三日、井伊直興は将軍綱吉の面前に召し出され、大老職を拝命した。その際、「前掃部頭の通り大老仰せ付けらる」（「江戸幕府日記」東京国立博物館所蔵）と、先代の直澄が務めてきたとおりにという文言があり、直孝・直澄以来の役割を継承するという意識があったことがわかる。しかし一方で、任命文言に「大老」という職名が入るのはこの時が初めてであり、職務内容も異なる。六月二十二日、幕府は諸大名に対して、大老への対応を次の通り示した（「柳営日次記」）。

一、公儀へ御礼のため老中宅へ訪問する節には掃部頭へも御礼に参上すること
一、在所到着そのほか御礼がある節は、掃部頭へも書面で申し上げること
一、寒暑等の御機嫌伺いも同様のこと

一条目は老中と同様、大老へも廻勤するようにというものである。大名は、個別に何かを命じられるたびに老中へも御礼を述べるため各屋敷を廻って御礼を述べていた。二・三条目は帰国時の御礼言上などの書面提出を老中同様にするよう求めたものである。大名側からすれば、老中と同様の対応をするべき幕閣が一人増えたということになる。

これにより、井伊家には諸大名より御礼のための訪問や書面提出が行われることとなり、それに応対する家臣も整備されたと思われる。ただし、老中からは御機嫌伺い呈書の返信として老中奉書が出されるが、元禄十年から十三年にかけて同じ形式の大老奉書は見当たらないので、受け取った文書に対する返信が出されないという点で老中とは異なったと思われる。

大老直興の登城日や殿中儀礼での行動は、それを直接に記した史料は確認できないが、前後の大老のあり方から推測することができる。直興の次に大老に就いた直幸《なおひで》（十代）が就任時に示された勤務規定（野田浩子、二〇〇四ａ）から類推すると、多くの式で老中と行動を共にしたと考えられる。ただし、毎日登城したわけではなく、列座する行事は限定的であったと思われる。一方、将軍綱吉は儒学を学んでこれを尊重し、ついに自ら『論語』『大学』といった古典を講釈して幕閣・諸大名らへ聞かせるようになる。それは殿中だけでなく、柳沢吉保《やなぎさわよしやす》ら側近や老中、御三家などの屋敷を訪問する御成《おなり》の機会にも行われた。また、綱吉は自ら建立した護国寺《ごこくじ》にも頻繁に足を運んでいる。このような綱吉の儒教尊重や仏教帰依に伴う行動では、直興は老中と共に伺候しており、大老直興の役割の一つに将軍綱吉の学術の相手をすることがあったようである。

では、どういう状況のもとで大老就任が決定したのであろう。

元禄十年に直興が就任した経緯の詳細は明らかではない。就任直後には、直政以来歴代当主の活躍を一冊にまとめ、先祖系図や判物写などとあわせて五冊本の「御覚書」として柳沢吉保へ提出している。そこには、大老の御役は直政・直孝・直澄と井伊家三代に受け継がれており、直興はそれを継いで四代目としてこの役を務めるとある。井伊家の認識としては、これまで井伊家歴代に受け継がれてきた役を直興も拝命したというものであったことがわかる。

また、それが元禄十年になった理由も推測できる。大老拝命時に直興が将軍綱吉から賜った言葉として「年齢・才気その器に当たり、続父の職にて、執事を任せらるなり」というものが伝わる（「井伊年譜」）。直澄の時に続き、ここでも年齢が登用理由に挙げられている。このとき直興は四十二歳であり、直孝が大年寄となった四十三歳に迫ってきたため、井伊家から幕府へ直興の大老就任を願い出たのではないだろうか。

幕府側の状況をみると、当時、将軍綱吉によって登用された側用人柳沢吉保が幕政に影響力を持っていた。柳沢は元禄七年には老中格となり、元禄十一年には少将へと昇進してほかの老中より上座に列することになった。直興の大老就任がそのような幕閣の構成に影響を与えた可能性はあるが、詳細は不明である。

直孝が務めてきた将軍の政務判断の補佐は、すでに直澄の時代に形骸化していた。直興の大老就任とは、政務上の役割が期待されたというより、井伊家代々の御用を継承することが主な目的といっていいだろう。

御用部屋入り

直興は、大老就任以前にその前段階ともいうべき「御用部屋入《ごようべやい》り」を拝命している。御用部屋とは老中が集まって相談・執務する部屋のことである。元禄八年（一六九五）十一月二十八日に「御礼の節着座」と「登城の節御用部屋へ相越し罷《まか》り在るべき」と仰せ付けられたものがそれにあたる（「柳営日次記」）。これだけではその拝命内容は理解しがたいが、「井伊家系譜」では、その拝命内容を「向後表方御礼の節老中列に着座いたすべし、そのうえ御用部屋へも罷り通り候様仰せ出さる」と記す。また、次に大老となった直幸も同様に大老就任の前年に「御用部屋入り」を命じられており、その務めの規定を参照すると、「御礼の節着座」とは五節句・月次御礼など定例の対面儀礼で御礼を述べる際には老中の列に着座するという意味となる。「表」空間での諸大名との対面儀礼では、老中はまず将軍の執務空間「奥」にある「御座之間」で将軍に御目見し、次に「表」に出御《しゅつぎょ》する将軍の御供をする。直興は殿中儀礼で老中と同様に行動するよう命じられたということである。それ以前の直興は月次御礼日には黒書院で御目見しており、「御用部屋入り」によって黒書院での対面式でも直興は幕閣の席に着くように変化した。

この役割ももちろん、井伊家歴代が務めてきた御用を継承したものであった。直孝は松平忠明とともに幕政参与として将軍の「表」出御の際に列座しており、「御用部屋入り」とはその流れをくむものといえる。

直興の「御用部屋入り」期間は、帰国期間を除くと実質半年あまりであった。その後に大老に就いた直幸・直亮《なおあき》（十二代）・直弼（十三代）の場合をみると、直幸と直亮は大老就任前に「御用部屋入り」している。一方、直弼は急に大老就任が決定したため「御用部屋入り」していないが、それ以前から「御用部屋入り」を経て大老に就任する噂がたびたび出ていた。その早いものは嘉永六年（一八五三）六月、ペリー来航と将軍家慶《いえよし》の死去が重なった時期のことで、帰国している直弼が江戸に到着すれば「御用部屋入り」を命じられるのはまちがいないという御城坊主の情報が井伊家家臣のもとへ入ってきている（『大日本維新史料　井伊家史料』三巻四九号、以下『維新史料』と略記）。

大老再任

直興は元禄十三年（一七〇〇）三月に大老を辞任した。前年に帰国し、参勤した翌月のことであるため、出務したのは実質一年半ほどであった。

翌元禄十四年には当主の座を嫡子直通《なおみち》に譲って隠居したが、宝永七年（一七一〇）に直通とその後を継いだ直恒《なおつね》（直通の弟）が相次いで死去したため、直興は同年十一月に再度当主の座に就くことになった（再勤経緯は第六章参照）。十二月一日には「御用部屋入り」を命じられ、同月十三日には本丸御殿への出入りには老中が用いる通用口を用いることが認められており、再勤当初から大老に再任する方針だったことがわかる。

大老再任の理由は、再隠居（正徳四年四月二十三日）を仰せ付けられた際の文言に、将軍家宣による「懇《ねんご》ろの思し召し」と、当将軍家継が幼年であるためとある（「柳営日次記」）。家宣は宝永六年に将軍に就いたばかりで、幕政の中核も側用人間部《まなべ》詮房《あきふさ》と侍講新井《あらい》白石《はくせき》を中核とする体制へと一新されていた。この状況をみると、政権の安定と継続を印象づけることになるという家宣政権側の理由によって、大老経験者の直興が再勤するのを機に大老も再任させようとしたと推測できる。

さらに、大老再任中には家宣が急死してわずか四歳の家継が将軍に就くという状況に直面している。幼将軍の先例には四代家綱があり、その折には将軍がすべき重要な政治判断を大年寄の井伊直孝らが代行していた。将軍の権威を維持する上で大老の存在は大きな意味を持った。実際、家宣の死と家継の相続を諸大名へ伝えるという大役を担ったのは大老の直興であった。

大老奉書の成立

直興の大老再任時には、前回にはなかった老中同様の役割が一つ追加されている。それは大老奉書の発給である。

大老奉書がまとまって残っている文書群に、土佐藩主山内家に伝来した「山内家文書」（高知県立高知城歴史博物館所蔵）、延岡内藤家伝来の「内藤家文書」（明治大学博物館所蔵）がある。いずれも老中奉書がまとまって伝来しており、その中に大老奉書も含まれる。

山内家文書、内藤家文書とも、もっとも古い年代の大老奉書は正徳元年（一七一一）であり、直興の再任時期にあたる。その後、再隠居する正徳四年まで存在するのに対し、元禄十〜十三年のものは一通も確認できない。そのため、元禄の大老就任時には奉書を発給する体制ではなく、再任後に大老による奉書発給が開始されたことがわかる。山内家のものをみると、いずれも当主が帰国中に国元から献上や呈書したことに対する返事として大老奉書が出されており、同様の形式・内容の奉書が老中と側用人からも出されている（『山内家資料目録　江戸幕府発給文書』）。この献上・呈書と奉書のやりとりは、大名が在国中であっても将軍へ臣従していることを表現する儀礼的行為といえる。大老は殿中儀礼で老中と一緒に行動することが多く、奉書発給もその延長線上に位置づけられるだろう。大老奉書の発給は幕末まですべての大老で続けられた。

直幸・直亮の大老就任

直興のあと、井伊家では直幸・直亮・直弼の三名が大老に就いている。直弼の就任経緯は明らかであるため（第七章参照）、ここでは直幸と直亮の就任の経緯や理由をみていきたい。

直興の次に大老に就いたのは直幸で、直興以来約七十年ぶりのことであった。天明三年（一七八三）六月に「御用部屋入り」を命じられた後、四年十一月から七年九月までの約三年間大老を務めた。

直幸の「御用部屋入り」と大老就任は、その家格上昇志向の中で説明することができる。直幸は若いころから同

表４　井伊家歴代の大老

人名	御用部屋入り	大老在任期間
直興	元禄８年(1695)11月28日	元禄10年(1697)６月13日～元禄13年３月２日
	宝永７年(1710)12月１日	正徳元年(1711)２月13日～正徳４年２月23日
直幸	天明３年(1783)６月15日	天明４年(1784)11月28日～天明７年９月11日
直亮	天保４年(1833)11月12日	天保６年(1835)12月23日～天保12年５月13日
直弼	―	安政５年(1858)４月23日～万延元年(1860)３月30日

じ溜詰大名である松平容頌《かたのぶ》（会津松平家）との間で官位昇進を競っていた（第六章参照）。安永七年（一七七八）には両者の官位は家の先例に基づく最上位まで昇進してこれ以上の上昇は望めなくなったため官位昇進競争は終わったが、直幸は官位以外の指標で家格を上昇させようという働きかけを続けた。大老就任もその一つと考えられる。

直幸の「御用部屋入り」は、将軍からの「結構な仰せ」を受けたもので、「元禄以来御家格再御成立」と認識されていた（『侍中由緒帳』）。元禄八年（一六九五）に「御用部屋入り」した直興と同様、井伊家にとって最上位の格式に戻ったと認識されていたということである。また、直幸が「御用部屋入り」を成し遂げると家老らへ祝儀の品が届けられ、実際に働いた城使役《じょうしやく》などに褒美が下された。なかでも、「御用部屋入り」に向けてもっとも働いたと思われる城使役山本運平《やまもとうんぺい》には知行五十石が加増されている。このころには功績が認められて加増されるのは非常に稀であり、直幸の思い入れが強く困難なミッションであったことがうかがえる。

当時、幕政を主導していたのは老中田沼意次《たぬまおきつぐ》であり、その時代には金品を贈って願いを叶えようとする風潮が社会全体に広がっていた。井伊家では官位昇進運動のときにも老中松平輝高《てるたか》へたびたび贈り物をしており、「御用部屋入り」も相当な支出をして獲得したようである。その費用の工面を求められていた藩財政担当の藩士たちは、「御用部屋入り」の次には大老を望み、さらに賄賂が贈られることになると批判している。大老就任に向けて引き続き田沼へ働きかけることも予想されていた。

このように、直幸の大老就任にあたっては幕府側が大老を求めた状況は確認できず、井伊家側から「家格再御成立」のために働きかけたのが主な就任理由といえる。

次の直亮の大老就任も、同様に幕府側の事情は認めにくい。一方、就任までの経緯にはこれまでとは異なる点もある。

直亮も「御用部屋入り」をへて天保六年（一八三五）に大老となるが、「御用部屋入り」に段階が設けられている点が直興・直幸との違いである。まず、天保二年十二月、今後、「間《あい》の御機嫌伺い登城」をするときには老中の御用部屋へ入って将軍の御機嫌を伺うよう命じられた。それまでの「間の御機嫌伺い登城」ではほかの溜詰大名と一緒に行動し、黒書院溜之間で老中に対面していた。それとは異なり、単独で老中の御用部屋に入ることが認められたのである。さらに翌三年二月には、ほかの溜詰とは別の日に御機嫌伺い登城することが認められた。これ以降も、溜詰共通の行動から離れて、老中並みの行動が一つずつ認められていき、天保四年十一月に「御礼の節着座」と「登城の刻御用部屋へ入」ることが命じられた（「井伊家系譜」）。これにより「御用部屋入り」全体が認められたことになる。つまり、最初にほかの溜詰とは異なる行為が認められて以来、二年をかけて「御用部屋入り」としての行為がすべて許されたということである。

その背景には、直亮は早くも三十四歳で極位極官に達してしまったという事情があったと考えられる。この時期、直幸のような家格上昇志向の強い大名が運動して上昇を成功させると、均衡を保つためにはほかの大名も上昇を願い、全体的に家格の「インフレ状態」が発生していた。これまでにないスピードで官位昇進を極めた直亮が次に狙ったのが、直幸同様、「御用部屋入り」を経て大老となることであった。しかし大老就任には年齢の基準があり、直興が就任した四十二歳以前には認められそうにない。そのため、早くから「御用部屋入り」の行為の一部でも認められることで、ほかの溜詰大名と格差をつけようとしたのではないだろうか。

直亮の性格からみても、彼に政治上の役割が求められたとは考えにくい。

大老辞任後のことではあるが、弘化四年（一八四七）に彦根藩は相模湾三浦半島の警衛を命じられた。未経験の海岸警備に就くが、当初、その評判はよくなかった。彦根藩が配備した人員や武器は他藩にくらべて手薄であり、その要因は直亮が費用を惜しんだためという。本来なら当主が主導して家臣の士気を高めて課題に取り組むべきところ、直亮は家臣に向き合う人物ではなかった。世子であった直弼はその影響を直接に受けている。一例を挙げると、直弼は世子として出仕を始めてまもなく溜詰の御用である将軍の祖廟参詣の先立役を拝命したが、この御用で着用する公家装束を新調させてもらえず、死去した兄直元のものが届き、さらに直亮はそれを用いるのも外聞が悪いと言っていると伝えられ、やむなく直弼は病気と称して先立を辞退する事態となった（吉田常吉、一九六三）。このように、直亮には将軍家に奉公するという井伊家の役割を果たし、家格の維持を重視する意識が感じられない。直亮は道具類や美術工芸品の収集家として知られるが、家臣を統率して家の役割を果たす大名家の当主としては及第点を与えられる人物とは言いがたい。

井伊家が大老に就任した事情としては、家宣の代替わり当初と幼将軍家継の時期、家定による通商条約調印の判断といった、将軍の権威や政治判断を補佐する目的で大老が求められた場合と、先例に基づき井伊家から就任を求めた場合があったと考えられる。後者が主な要因と思われる直幸や直亮の就任でも、幕閣内の政治力学が影響した可能性はあるが、史料上残りづらいことでもあり、実情を把握するのは難しい。

四　軍役と儀礼

将軍家への奉公

1　軍役と各種の課役

武家社会では、主従関係を結ぶと主君のために奉公することが求められる。戦国時代には奉公といえばその中心は軍事出兵であった。江戸時代に入っても、初期には大坂冬・夏の陣や島原の乱などのいくさがあり、諸大名は幕府からの命令に応じて出兵している。また、泰平の世となっても治安維持のための軍備は必要であり、大名家では日常的に軍事組織を維持して城郭を警備し、いつでも幕府の命令で出兵できるようにしていた。

彦根城の警固と出兵

井伊家の軍事組織は、江戸時代後期の記録によると、家老を侍大将《さむらいだいしょう》とする五組の騎馬武者隊《きばむしゃたい》（先手二隊・右備・左備・後備）、鉄砲隊と弓隊による三十七組の足軽隊、大将（当主）を護衛する旗本《はたもと》、留守居組により編成されていた。日常的には城郭への出入り口に設けられた門に番所を設置して番人が警備しており、城下町への人や物資の出入りを監視して彦根城の治安維持をはかっていた。

また、井伊家には彦根城という重要拠点の警固に連動する役割もあった。幕府は徳川家臣を配置した全国各地の城郭に城詰米《しろつめまい》を置いた。万一の場合には兵糧米とするためのものである。彦根城に置かれた城詰米は、大名の城郭に入れた城詰米のうち最大量の二万石で、十七棟の御城米蔵に収納された。五万石の領地から納められる年貢に相当する米を年々詰め替えて維持することが彦根城を守る井伊家に課せられた役割の一つであった。

徳川の軍事を担う大名として、政治的な理由で流罪となった大名を受け入れることもあった。徳川家康の側近であった大久保《おおくぼ》忠隣《ただちか》は、慶長十九年（一六一四）に謀反のとがめを受けて捕らえられ、彦根で幽閉されている。また、天和元年（一六八一）には、四代将軍家綱のもとで権勢を誇った酒井忠清が失脚すると、その弟の忠能《ただよし》（駿河田中藩主）も領地召し上げの処罰を受け、彦根に預けられた。忠能は彦根城内の山崎廓《やまざきぐるわ》で井伊家の監視下のもと十年間過ごした。

一方、井伊家の部隊が幕府の命令により他国へ兵を出す機会は何度かあった。その多くは城郭の受け取りを目的とする。城郭は軍事施設であり、明け渡し命令に反発して城郭に立て籠もって戦う可能性があるため、城受け取りには武装して出向くことになる。井伊家が城受け取りに出向いた早い例では、関ヶ原合戦直後の土佐への派兵がある。敗軍方の長宗我部元親《もとちか》の居城を接収するため井伊直政は重臣鈴木重好に兵三百騎をつけて土佐へ向かわせた。このときは長宗我部氏の家臣が浦戸《うらど》城に籠もって抵抗したため、攻撃して抵抗する者を討ち、ようやく接収に成功した。

慶長十三年には、伊賀上野城の筒井《つつい》定次《さだつぐ》が改易となると、近隣の城主である井伊家・本多忠勝（伊勢桑名城主）・菅沼忠政《すがぬまただまさ》（美濃加納城主）が城受け取りを命じられた。三家の軍勢が上野へ入って城を受け取った後、井伊家は次の城主へ城を引き渡すまでの間、上野城の在番を担当している。江戸中期以降にも、宝暦八年（一七五八）の美濃郡上八幡《じょうはちまん》城の金森頼錦《かなもりよりかね》、天明八年（一七八八）近江小室《こむろ》の小堀政峯《こぼりまさみね》の改易にあたって、幕命により井伊家が城郭や武器を受け取るため武装して現地へ赴いた。

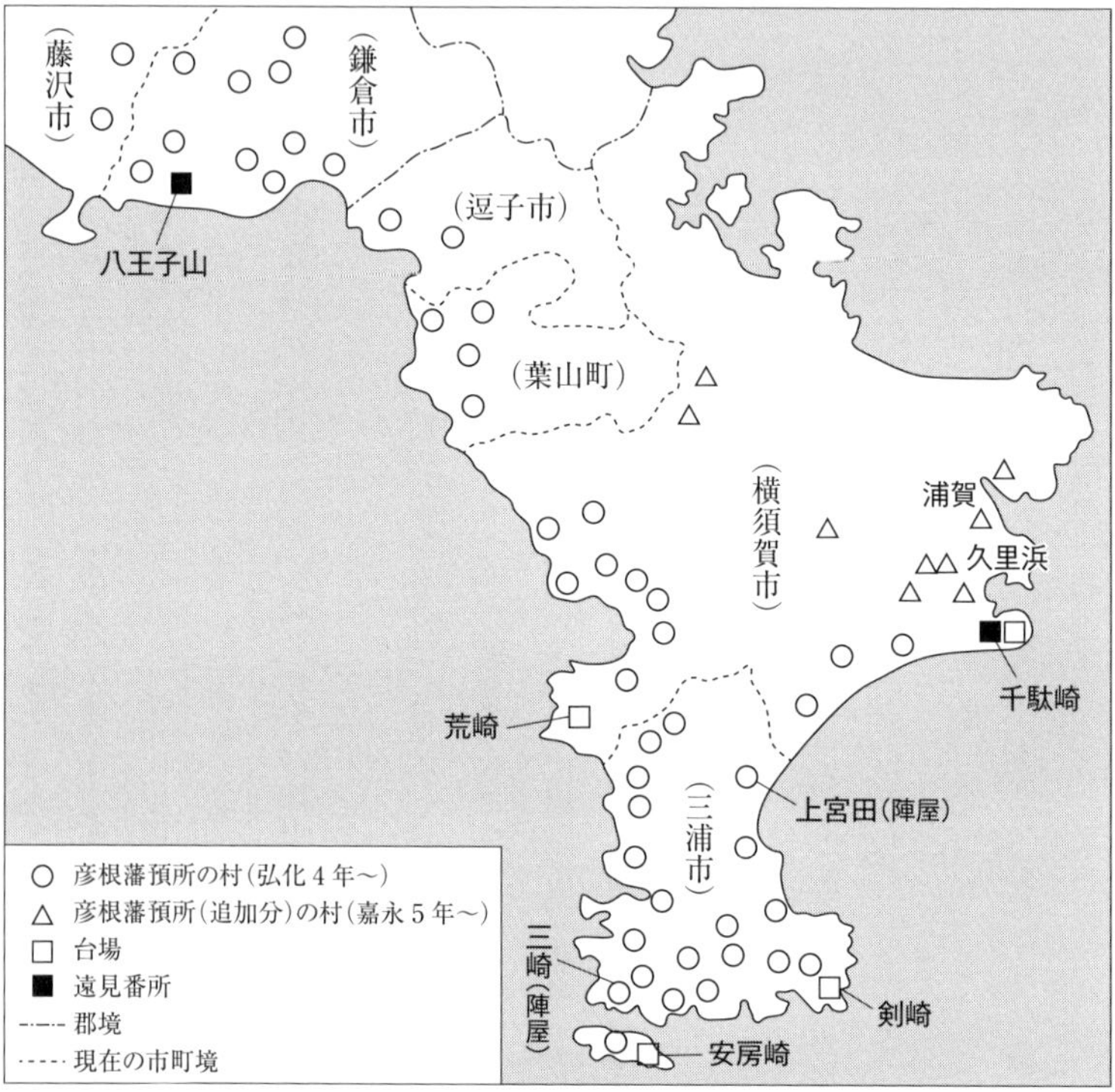

図17　彦根藩の相州警衛関係地　『新修彦根市史』3巻の図を元に作成

相州警衛

十九世紀に入ると、外国船が頻繁に日本周辺に出没するようになっており、幕府は江戸周辺の海防強化をすすめる。その一環として、弘化四年（一八四七）、それまでの川越藩に加え、溜詰大名である井伊家・会津松平家・忍松平家に対して、江戸湾の入り口にあたる三浦半島と房総半島の沿岸警備に就くよう幕命が下された。井伊家の持ち場は相模三浦半島で、上宮田《かみみやだ》と三崎《みさき》に陣屋を置いて藩士を派遣することとなった。

この相州警衛《そうしゅうけいえい》の御用は、彦根から遠く離れた地に長期にわたり兵を駐屯させ、沿岸に砲台を配備してその操作に熟練した家臣を置くことになり、井伊家に大きな負担を強いるものとなった。井伊家は徳川の軍事を担う家とはいえ、彦根は内陸のためこれまで海岸警備を経験していない。また、井伊家は家康から「京都守護」を密命として承っており、相州警衛は家格とは相違すると考える者もいた。当時世継ぎの立場にあった直弼もその一人で、当主に就くと警衛場所の変更を幕府へ働きかけている。直弼は一方で、井伊家の主張が聞き届けられるためには、先祖の武功に恥じないよう、現在拝命している相州警衛の務めを十分に果たす必要があると考え、警備の強化をはかった。当主となった翌年の嘉永四年（一八五一）には現地へ巡見に出かけており、陣屋では藩士の調練を視察し、台場では発砲実演を見分している。現地では勤務に励む家臣に向けて慰労の言葉をかけ、その士気を高めることに努めた。

井伊家は相州警衛にあたっていたため、ペリー来航の現場に立ち会っている。嘉永六年、ペリー率いるアメリカ艦隊の来航を発見した三浦半島の漁師が井伊家の三崎陣屋へ第一報を伝え、そこから幕府の浦賀奉行へ報告された（宇津木三右衛門家文書）。ペリーの久里浜上陸時には、彦根藩兵約二千人が海岸に整然と並んで上陸地を警固した。さらに、ペリー来航の後、江戸湾警衛大名の入れ替えがあり、井伊家は江戸に近い大森・羽田付近へ持ち場替えとなる。翌嘉永七年には念願通り京都守護を拝命することができた。朝廷も外国船への対応として京都の警衛強化をはかるよう幕府に求めており、それに応じたものであった。

普請役

泰平の世となり出陣する機会がほとんどなくなると、大名は軍事動員以外で奉公することが求められる。江戸時代初期には、幕府は各地に次々と拠点となる城郭を築いており、その普請（土木工事）を諸大名へ命じた。

井伊家も寛永年間に江戸城や二条城の改修工事にあたり普請役を命じられている。二条城は、寛永三年（一六二六）に後水尾天皇を迎える準備のため、寛永元年より西に拡張して本丸御殿と天守を築く大がかりな改修工事が行われた。その工事を担当する大名の持ち場割を示した「二条御城絵図」（名古屋市蓬左文庫所蔵）によると、本丸を囲む内堀を掘り、石垣を築く普請に従事したのは親藩・譜代十九大名で、彼らは六つの組にわかれて工事区画を分担しており、井伊家は本丸東南隅櫓とその周辺を担当した。石垣に用いる石は琵琶湖西岸の小松（滋賀県大津市）より切り出し、琵琶湖や宇治川の水運を使って二条城まで輸送したという（「井伊年譜」）。

その後、井伊家が拝命した普請役には、日光東照宮の修復がある。元禄元年（一六八八）、井伊直興が日光東照宮の修復普請物奉行を命じられ、直興自身が三度にわたり日光へ赴いてこの御用を担った。

元禄の日光修復普請物奉行を最後に、井伊家が普請役を命じられることはなくなる。軍役も、周辺大名へ命じられた城受け取りを除くと、幕末まで課されていない。それに代わる役が課されたためと考えられる。

儀礼役と官位昇進

井伊家へ課された役とは、将軍にかかわる儀礼での御用である。

家光の代より将軍の威光を世に示す各種行事・儀礼の整備が本格化していた。江戸城では、諸大名は毎月江戸城本丸御殿に登城して、身分格式により序列化された席で将軍へ御目見する制度が整備されたほか、全国の有力寺社、公家、さらに朝鮮や琉球より国王の使者が定期的に江戸へやってきて将軍に対面した。また、家光は家康を祀る日光東照宮を絢爛豪華な社殿へと造り替え、多くの大名を引き連れて参詣するといった行事を通じて、将軍権威を浸透させていった。このような儀礼の際には、将軍家臣である譜代大名がさまざまな役を務め、また、将軍を護衛するように周囲に並んでその威光を高めた。

これらの儀礼を整備した時期に幕閣の一員でもあった井伊直孝は、家臣筆頭として儀礼内で重要な役割を担った。一世一代ともいえる大きな行事での役として次のものがある。

- 将軍家跡継ぎ（若君）が宮参りの帰途に井伊家屋敷へ御成
- 若君の元服式での加冠役
- 将軍の日光社参への供奉や名代

・朝鮮通信使の登城時に将軍の上意を伝達する御用

これらは次世代以降も井伊家代々の御用として継承されていく。また、直孝は務めていなかったが保科正之が務めており、井伊・保科を含む同格の大名集団「溜詰」の者らが務めることになった御用として、将軍から天皇への使者である京都上使がある。後に述べるように多大な経費を必要とする御用が多く、これらを務める代わりに普請役や警固役は免除されることになったと考えられる。

これらの御用のうち、若君御成、元服加冠役、日光名代、京都上使は、毎度ではないが官位昇進の機会となった。官位は朝廷に仕える官人の身分序列を示すものとして、天皇から位階と官職（あわせて官位）を授かる制度であるが、豊臣政権以来、武家へも官位が授けられた。各大名へどのような官位を授けるかの実質的な決定権は武家政権（豊臣政権・江戸幕府）にあり、大名の序列化に用いられた。その基準となる官位は次の七段階であった。

参議以上―中将―少将―侍従―四品《しほん》（従四位下）―諸大夫《しょだいぶ》（五位）―布衣《ほい》

侍従以上にはさらに位階の上下も組み合わされ、序列化された。江戸中期には、大名家ごとに先例に基づいて初官（初めて授かる官位）・極官（昇進可能な上限）や昇進できる条件が規定されており、井伊家は世子の初官が侍従、極官が正四位上中将であった。初官が同様なのは伊達・島津など一部の国持大名と、同じ溜詰の会津松平家・高松松平家だけであり、官位序列からみれば井伊家は国持大名と肩を並べる位置にある。国持大名の場合、少将へ昇進を認められるのは侍従より三十年を経た後または五十歳という年数や年齢を条件としていた。それに対して溜詰の昇進理由は御用と連動しており、さらにその機会も多く、ほかの大名には見られない独自の昇進方式をとる。当初は将軍家の行事で重要な役を務めるにふさわしい格式とするために昇進させたものであったが、先例重視の社会となるに伴い、それが家の先例として定着していった。

では次に、将軍家の諸儀礼で井伊家が務めた御用の実態をみていきたい。

表5　井伊家歴代の御用

	若君御成	若君元服加冠役	京都上使	日光名代	朝鮮人来聘
2代直孝	寛永19・2家綱	正保2・4家綱		寛永9・4家康十七回忌	寛永13・12 寛永20・7 明暦元・10
（直孝世子）直滋				承応2・4家光三回忌	
3代直澄				寛文5・4家康五十回忌 寛文7・4家光十七回忌 寛文11・4家光二十一回忌	
4代直興		正徳3・3家継	延宝8・9		天和2・8 正徳元・11
5代直通			宝永6・6	宝永7・3家宣代替り	
6代直恒					
7代直惟		享保10・4家重		正徳5・4家康百回忌	享保4・10
8代直定	元文2・9家治	寛保元・8家治	享保20・11	延享2・11家重将軍宣下	延享5・6
9代直禔					
10代直幸	宝暦13・9家基	明和3・4家基 天明2・4家斉	宝暦10・9	明和2・4家康百五十回忌	宝暦14・2
（直幸世子）直豊			安永9・9		
11代直中	寛政6・9家慶	寛政9・3家慶	文化6・3		

12代直亮	文政12・9家定	文政11・4家定	文政元・1 文政10・4	文化12・4家康二百回忌	
13代直弼					
14代直憲			文久2・2	慶応元・4家康二百五十回忌	

2 将軍家儀礼での御用

宮参り帰途の御成

寛永十八年（一六四一）、将軍家光に待望の嫡子家綱が誕生すると、直孝はその成長儀礼にかかわった。翌年に実施された宮参りでは、江戸城内の紅葉山東照宮と産土神《うぶすながみ》である日吉山王《ひえさんのう》社《しゃ》へ参詣した後、家綱は外桜田《そとさくらだ》にある井伊家屋敷に立ち寄って休息をとった。日吉山王社が井伊家屋敷に近接していたという地理的理由もあるが、この後直孝が家綱の後見を務めており、そのような関係を広く示す意味を込めて、最初に立ち寄る家臣屋敷として井伊家が選ばれたということである。なお、宮参り後に井伊家屋敷に立ち寄ったのは将軍家嫡子である若君だけであり、それ以外の男子や姫君は別の大名屋敷を休息所としている。

その次に若君の宮参りが行われたのは約百年も後のことで、九代将軍家重《いえしげ》の長男、のちの十代将軍家治《いえはる》の時である。家綱のときと同様、日吉山王社への宮参り後に井伊家屋敷に立ち寄った。在位中の将軍の嫡子として誕生した者は案外少なく、家綱・家治を含めて八人しかいない。そのうち宮参りを行う前に早世した者が三人おり、若君の宮参りが実施されたのは家綱以降四回だけであった。そのすべてで井伊家屋敷への御成が行われている。

井伊家では、若君の御座所は書院に御成御殿のしつらえを施して準備し、御供する家臣を迎える部屋も割り振られた。寛政六年（一七九四）の御成では、奥女中に抱かれた若君（のちの十二代将軍家慶）が書院上段に着座すると、

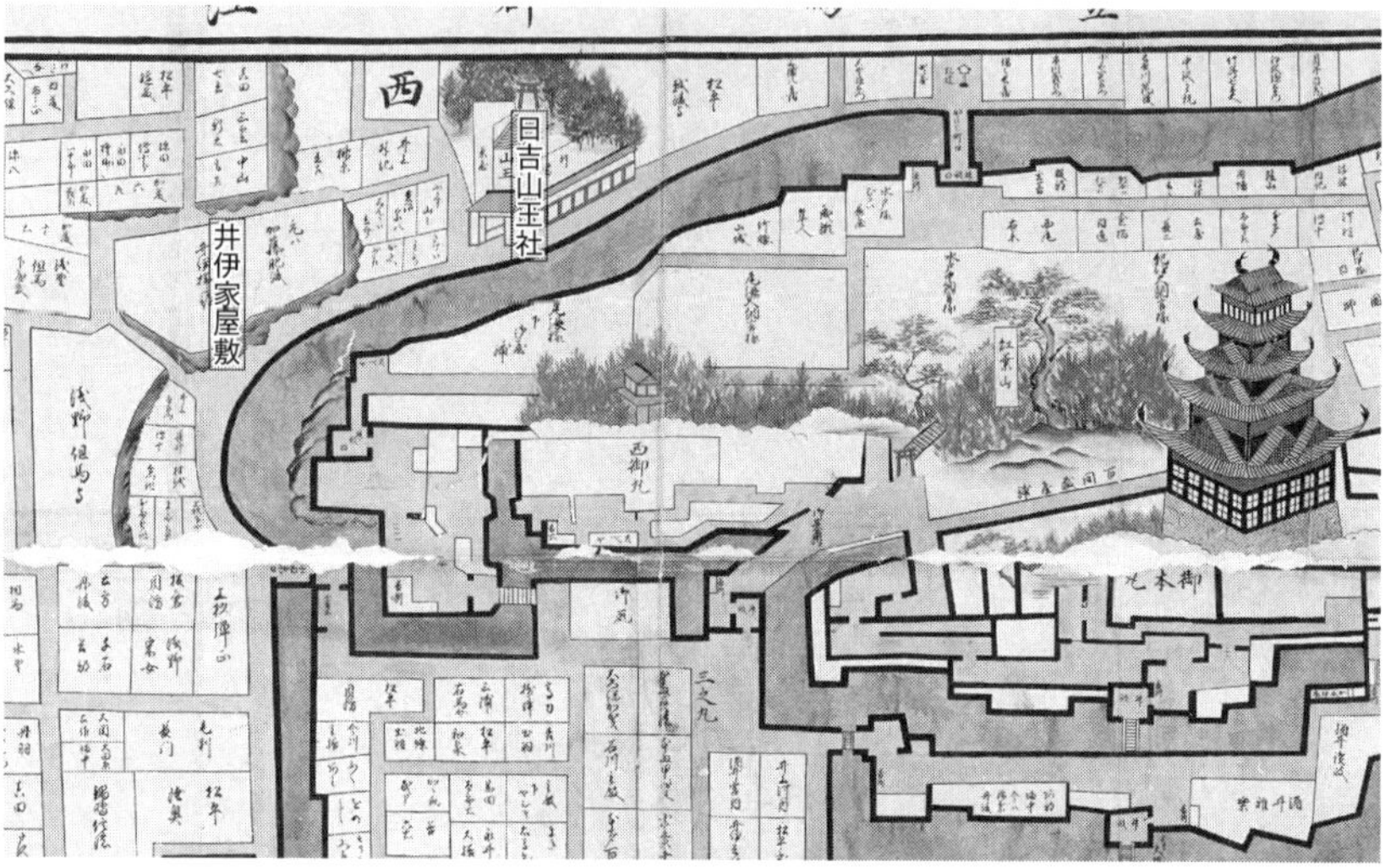

図18　家綱宮参り頃の井伊家屋敷と日吉山王社　「武州豊嶋郡江戸庄図」東京都立図書館所蔵に加筆

井伊家当主の直中が本膳料理を差し出した。幼少の若君が食するわけではないが、主君を迎える御成では必ず準備するべきものであった。御膳が下げられると、直中の実弟である真田幸専《ゆきたか》（信濃松代藩主）と土井利義《としのり》（越前大野藩主）が出座して拝謁した。両名は直中と同様、太刀・馬などを献上しており、御成を受けた井伊家の一員という位置づけであったことになる。

また、御成では江戸城大奥の女中が若君の御供をして井伊家屋敷を訪れたため、井伊家の女性たちと交流している。交流が行われるようになったのは宝暦十三年の回以降のことであり、正室や娘（他家へ嫁いでいる者も含む）、前当主の正室らが若君に御目見し、献上品を差し上げている。寛政六年には、大奥組織のトップである老女五人を含む三十五人の女中が井伊家屋敷に来ており、井伊家の女性たちが御目見する儀礼を取り仕切った。実際には、御客応答《おきゃくあしらい》（接待役）の中村や表使《おもてづかい》（外交係）の沢田らが朝から井伊家屋敷にやってきて、井伊家の女性たちに儀礼での振る舞いや対面次第などを指導した。その合間には自己紹介や世話になる礼など、大奥女中と井伊家女性との間で親しく会話を交わしていたことが記録されており、彼女たちが交流する貴重な機会ともなった。さらに、これを契機として井伊家正室が大奥老女へ年始祝儀や暑中・寒中の御機嫌伺いの文書を差し出すことが許され、文通によって大奥と交際する特権を得ることになった。

若君の御成は、井伊家が徳川家臣筆頭として務めてきた特別な御用であり、家中をあげてその準備に取り組んだ。一度の御成で約二万両も費やしており、領内の町・村より御用金として臨時に上納させて費用を捻出している（皿海ふみ、二〇〇四）。

元服式での加冠役

将軍家若君の成人儀礼の一つに元服式がある。朝廷から官位を授かり、それに応じた成人の装束を初めて身につける儀式である。家綱の場合、わずか数え年五歳で元服式を挙げて従二位権大納言の官位を下され、武家社会で将軍に次ぐ地位についた。このとき、井伊直孝は冠を着ける加冠役を務めている。その後の将軍嫡子または嫡孫の元服式でも、家綱の式を先例として、毎回井伊家当主が加冠役を務めた。

元服式は江戸城本丸御殿で行われる。その次第は、まず成人の装束を身につけ、次に朝廷より派遣された勅使より位記・宣旨を受け取って官位を授かるというものである。家綱の元服式では、家綱が白書院で着座すると加冠役の直孝と理髪役の保科正之がその後ろにまわり、まず直孝が笄刀《たけかたな》を用いて毛先を切りそろえ、次に正之が櫛を手にして頭髪を整えると、直孝が烏帽子《えぼし》を頭上に乗せた。ついで公家で衣紋道《えもんどう》をつかさどる高倉永慶《たかくらながよし》が直垂《ひたたれ》を取り出すと、陰陽師《おんみょうじ》の土御門泰重《つちみかどやすしげ》がひざまずいて身固めという呪法を行い、これが終わると傅役《もりやく》の者が家綱に直垂を着せた。後世の元服式も同様の次第であったが、若君が幼少という理由で次第の一部が略されたり、順序が変更されたりすることもあった。

元服式では、子どもの髪型から成人のものへと改め、初めて冠を着用する。被せる役は中世では烏帽子親と称され、天皇の元服では太上大臣が、足利将軍家では管領《かんれい》が務めており、後見役となる重臣が務めるのが習わしであった。家綱の元服式では烏帽子親の役割を加冠役の井伊直孝と理髪役の保科正之の二人で務めたということができる。それ以降の元服式でもすべて、加冠役は井伊家、理髪役は保科家（会津松平家）が務めており、家固有の役割として受け継がれた。

元服式で井伊家へ命じられた役割は加冠役のほかにもう一つあった。それは成人した武家に必要な甲冑を誂えて献上することである。家綱の元服式では初召用として萌黄威《もえぎおどし》の具足が献上された。実際には甲冑だけでなく太刀・弓矢・馬も献上しており、後見役として武具類一式を揃えて献上したことになる。

元服式を終えると、井伊家と会津松平家はそれぞれ自身の屋敷に老中を招いて宴席を設けている。明和三年、家《いえ》基《もと》（十代将軍家治の嫡子）の元服式後には、井伊直幸は老中・若年寄全員のほか、「勝手客」として大名・旗本・医師らを招待し、招待者のうち約半数の七十九名が出席した。老中・若年寄には書院で三汁十菜の本膳料理が振る舞われ、直幸と盃を交わした。勝手客には小座敷・小書院に分かれて同様の本膳料理が出され、親族の与板藩主井伊直《なお》朗《あきら》や懇意の旗本が来客の応接にあたった。元服式にかかわった家臣たちを慰労することも後見役の役割に含まれていたということである。

将軍の名代

徳川将軍は、三代家光までは上洛や日光社参のために江戸を離れることがあったが、四代家綱以降は将軍が江戸を出る機会は極端に少なくなり、名代が派遣された。正月など毎年の行事での使者とは異なり、家光の代までであれば将軍自身が足を運ぶような数十年に一度の重要行事では井伊家ら譜代上層の者が将軍の代わりを務めた。その特徴は、道中や現地での諸行事で将軍に準じる格式で待遇を受ける点にある。

朝廷へ派遣される京都上使は、将軍宣下の御礼をはじめ、朝廷や将軍家に慶事があると将軍の言葉を天皇へ伝えるために派遣される。参内するには侍従以上の官位が必要であり、その要件を満たす者から選ばれることになる。そのため、井伊家をはじめ溜詰大名（溜詰入りには侍従以上の官位を要した）のほか、老中を輩出した酒井家、越前松平一門の松平出羽守家と松平大和守家が務めたこともある。二度務めた者はほとんどおらず、生涯に一度だけ務める名誉ある御用と認識されていたことであろう。井伊家が務めたのは、四代直興から十四代直憲のうち八名九回をかぞえる。

日光名代を務めた大名

日光には、家康を祀る日光東照宮と、家光の廟堂である大猷院廟《たいゆういんびょう》がある。将軍秀忠と家光は家康の年忌にあわせて社参するため何度も日光へ向かった。しかし、家綱が寛文三年（一六六三）の家光十三回忌に日光へ赴いたのを最後に、将軍自身の社参は中断する。それ以降は吉宗・家治・家慶の三名の将軍が一度ずつ社参しているが、数年をかけて準備し、将軍が大勢の家臣を引き連れて江戸を離れる一世一代の行事となった。五十年ごとの東照宮神忌には将軍名代が派遣され、将軍の格式をもって参拝した。その名代を務めたのが井伊家である。家光の法会も、二十一回忌までの年忌法会では井伊家が名代として日光に派遣され、五十回忌から百五十回忌までは高松松平家が務めた。遠忌以外には、将軍代替わり・将軍宣下・将軍家世継ぎの決定など、将軍の身分変更があった場合にも名代が派遣されており、その多くは溜詰大名の中から選ばれている。

井伊家が初めて日光で将軍の名代を務めたのは、寛永九年（一六三二）、家康十七回忌のことである。家光は同年一月に父秀忠を亡くしており忌服中のため境内に入ることはできない。しかし、家康へ尊崇の念を抱いていた家光は日光の手前の宿場である今市《いまいち》宿まで足を運んでそこから遙拝《ようはい》し、日光へは直孝を名代として遣わした。将軍の遙拝という変則的な参拝となり、井伊家が名代を務める先例が生じることとなった。

家綱の代には家康と家光の法会にあわせて四度の日光名代が派遣されており、そのすべてを井伊家（直滋・直澄）が務めている。しかし次の遠忌となった元禄十三年（一七〇〇）の家光五十回忌では、先例と異なり井伊家以外の者へ日光名代が命じられた。前月、井伊直興は病気のため大老を辞任したばかりであったため、遠方まで赴く名代の大役を引き受けられる状況ではなかった。このとき名代を務めた松平頼常《よりつね》（高松松平家）は溜詰の重鎮である。井伊家が務められない場合は同様の家格である同じ殿席の大名から選ばれたということになる。

それ以降、家光遠忌では高松松平家が連続して日光名代を務めてきたが、嘉永三年（一八五〇）の家光二百回忌では堀田《ほった》正睦《まさよし》がこの御用を拝命した。長年老中を務めた堀田であるがこのときは一度目の老中退任後で、溜詰に属していた。また、慶応元年（一八六五）の家康二百五十回忌では一旦は酒井忠績《ただしげ》へ名代を命じようとした。このとき井伊家は長州出兵の先手を命じられていたためである。しかし、同年二月に酒井が大老に就いたため、急に井伊直憲へ御用が廻ってきたという経緯がある。

このことから、家康遠忌では結果として毎回井伊家が名代を務めたが、井伊家しか務められないものではなく、井伊家に不都合が生じた場合には他家へ交代できる性格のものであったことがわかる。毎回井伊家が拝命できたのは、次に述べるようにそれが叶うように尽力した結果でもあった。

日光での名代務め

井伊家の務めた日光名代について、拝命から現地での参拝、江戸へ戻るまでの一連の行動をみていきたい。

まず数ヵ月前に名代御用が命じられる。明和二年（一七六五）の家康百五十回忌では前年五月、直幸が国元へ帰国する時に言い渡された。官位昇進を望む松平容頌が機会均等を理由に今回の日光名代を拝命したいと老中へ内願していたため、直幸は早く正式に任命されたいと思い老中へ働きかけた結果、例年より早く言い渡されたものである。それ以外の年次では、本人が江戸にいる場合は江戸城で老中から申し渡されている。慶応元年（一八六五）は帰国中であったため、その旨を記した老中奉書が彦根に届けられた。

日光へ出立する前には、江戸城で将軍に対面して直接御用を命じる言葉を賜り、東照宮へ奉納する進献物を受け取る。進献物は太刀と馬であり、その場ではその目録と太刀を受け取った。文化十二年（一八一五）の二百回忌では、三月十七日、井伊直亮は潔斎《けっさい》した上で登城し、将軍の執務空間「奥」にある御座之間にまで入り、家斉《いえなり》に対面した。このとき、言葉を賜るために将軍が着座している上段まで上がる。平伏すると、将軍は「御法会につき日光御宮へ御名代相務め候よう」と述べた。この発言を承ると直亮はすぐに下段へ退いて「御名代仰せ付けられ畏《かしこ》み奉《たてまつ》り、ありがたき仕合《しあ》わせに存じ奉る」と将軍の言葉に対する返事を述べる。井伊家が御座之間に入る機会はほかにもあったが、上段にまで上がったのは日光名代と京都上使の御用のみである。いずれも将軍の代理として振る舞い、周囲からもそのように扱われており、上段にまで昇って御用を拝命したのは将軍の格式をその身体に吹き込む儀礼とみることができる。

二百五十回忌の記録によると、四月十二日早朝に江戸を出立した名代井伊直憲の一行は日光道中を北上し、粕壁・小山・宇都宮に宿泊して十五日午後に日光へと到着した。直憲は日光山の門前町である鉢名《はちな》宿の本陣に入って潔斎すると、日光山への入り口に架かる神橋《しんきょう》を渡った。神橋は神聖な橋であり、将軍・日光例幣使《れいへいし》（天皇から日光へ派遣された使者）と日光修験の山伏しか渡れなかったが、井伊家はそれまでの日光名代の折にも渡っていたため、今回も事前に日光門主へ先例を示して渡る了解を得ていた。迎えに来ていた宿坊南照院主《なんしょういんしゅ》の先導で、直憲は新しい緒《お》太草履《ぶとぞうり》を履き、随行した御供の者は素足で渡った。神橋を渡る行為は、日光山内では将軍の格として振る舞うことを象徴するということができよう。

日光山内に入るとすぐに宿所とする南照院に入った。井伊家は日光へ来るたびに南照院を宿所としている。南照院主は現地で先導したほか、刀を一時的に預かるなど介添えの役割も果たした。

十五日には祭礼の惣奉行を務めている老中水野《みずの》忠精《ただきよ》をはじめとする幕府役人や日光門主らと対面する。幕府役人は直憲へ将軍の御機嫌を伺い、それに対して回答した。十六日には東照宮の下見をして、十七日の祭礼当日を迎える。十七日は朝から輪王寺《りんのうじ》本坊で門主より料理の饗応を受け、昼前には神輿《みこし》渡御《とぎょ》の行列を拝見した。その行列は、兵士鉾持百人に始まり、武具・楽人・鷹匠などの先導により神輿三基が渡御する盛大なものである（現在の千人行

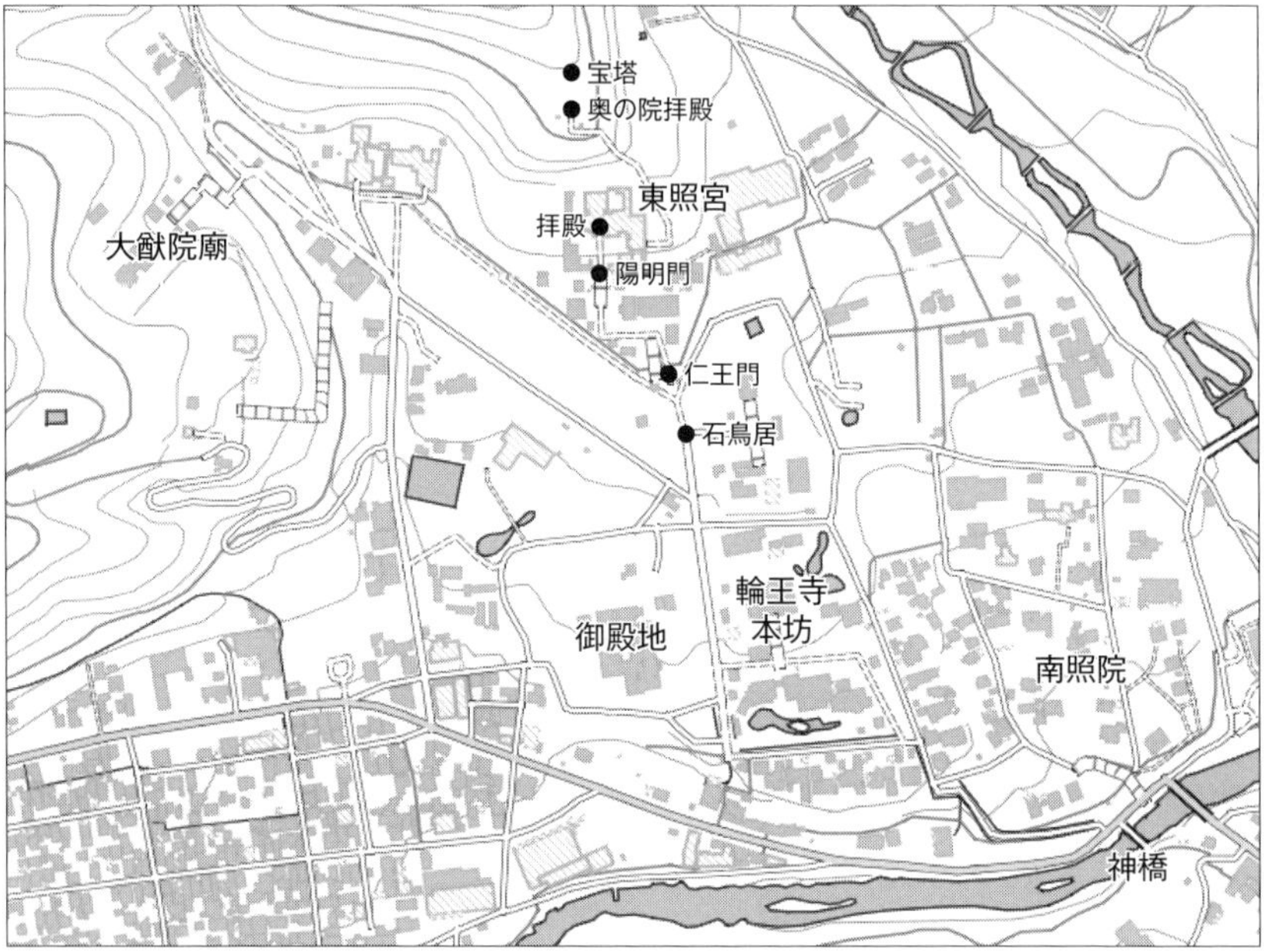

図 19　日光山内図　地理院地図をもとに作成

列）。拝見する席は御殿地に設けられた桟敷の上之間で、神輿渡御の節には着座したまま平伏した。惣奉行水野らも同じ場所で拝見したが、彼らは神輿渡御の時には桟敷から降りて地上で平伏した。将軍名代と幕府役人の立場の違いが平伏する位置に表れている。

神輿が御宮へ戻る還御行列も拝見した後、直憲は午後四時過ぎに一旦宿坊に戻る。正装である束帯に着替えると、メイン行事である名代としての参拝のため東照宮へ向かう。

石鳥居前で乗物を降り、仁王門を入り陽明門の回廊で控えていると、案内があり拝殿へ向かう。惣奉行ら幕府役人が並ぶ前を進んで階段を上がり、拝殿東側に着座する。持参した進献物の太刀と目録が御幣殿に奉納されると、正面に進んで軾《しきみ》（半畳ほどの敷物、膝突ともいう）に膝行して上り、名代として拝礼する。次に御幣殿まで進んで着座し、神酒を頂戴した。土器を持ちながら退出して拝殿の元の位置に着座し、名代としての参拝は終わる。次に和宮《かずのみや》・天璋《てんしょう》院《いん》ら将軍家族の名代と、御三家・御三卿らの代拝使者が順に拝礼する。これらが済むと、直憲は井伊家当主という本人の立場で太刀を奉納し、拝礼した。この後、惣奉行はじめ諸役人の拝礼が続く。長時間になるため直憲は休憩所へ戻り、弁当を食べて次の行事を待った。

次に、直憲は家康の宝塔が建つ奥の院へ向かう。こちらも惣奉行ら役人が並んで出迎える中、拝殿へ入り所定の位置へ着座すると法会が行われる。それが終わると、宝塔前に進み出て名代として拝礼した。このとき宝塔前で拝

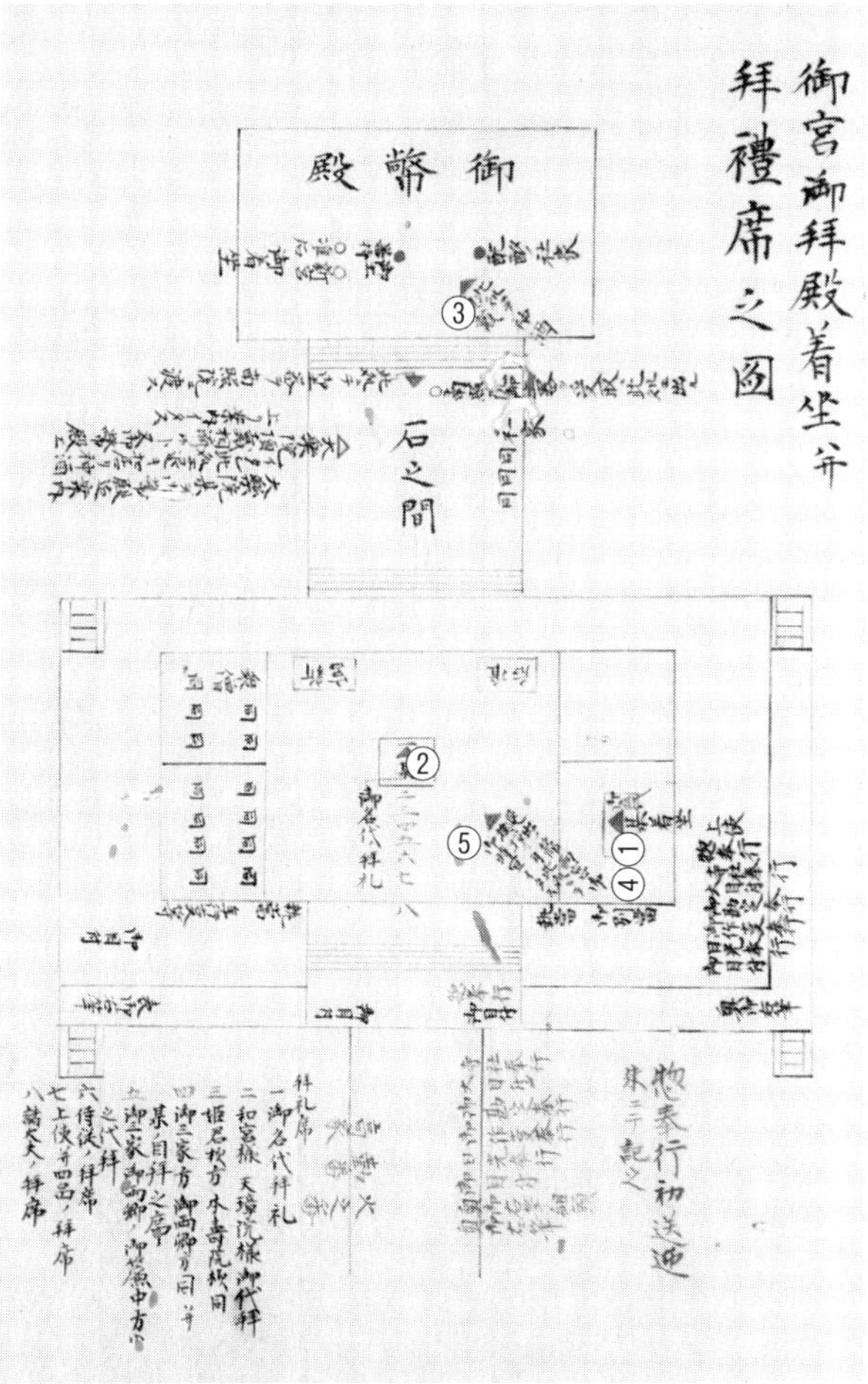

①名代の直憲がここに着座すると儀式が始まる
②拝殿中央に敷かれた軾に上り拝礼する
③御幣殿に進んで神酒をいただく
④着座席へ戻る
⑤日光准后からの挨拶があり，直憲は御辞儀して退出する

図 20　名代井伊直憲による東照宮参拝　「東照宮二百五十回御神忌日光名代直勤式書」（彦根城博物館所蔵）に加筆

礼したのは名代だけである。これで祭礼当日の行事はすべて終わり、直憲は宿坊へ戻った。到着したのは夜中八つ時（午前二時ごろ）になっていた。

十八日・十九日も引き続き東照宮で法会が行われ、名代として参列した。これで名代としての行事は終了となり、翌日日光を出立するため、本坊や惣奉行水野の宿坊へ暇乞いの挨拶に廻った。

二十日朝には、家光の廟所である大猷院御霊屋へ本人の立場で参拝してから、旅装束に着替えて日光を出立した。帰路では彦根藩領である佐野（栃木県佐野市）に立ち寄るのが通例であり、直憲も同様、日光例幣使街道を通って佐野まで行き、そこから幸手、千住に宿泊するルートを通り、二十三日に江戸へ入った。

江戸に到着した直憲は、まず月番老中の屋敷へ向かい、戻った旨を届けた。二十四日には登城して、御座之間で将軍家茂《いえもち》に対面する。暇のときと同様、上段まで上がって「今度御法会につき、日光において御作法のとおり、天気までよろしく、万端首尾よく相勤め申し候」と言上すると、すぐに下段へ退き、「御名代相勤め、ありがたき仕合わせに存じ奉ります」と申し上げた。上段での発言は名代としての復命であり、下段では直憲本人の立場で発言したものとなる（野田浩子、二〇一二）。

京都上使

京都上使は、将軍の名代を務めるという点で日光名代と類似する点が多い。出立時と戻ってきたときに御座之間で将軍に対面して上段まで上がる。道中や現地では将軍代理として振る舞い、各地で勤める幕府役人が将軍の御機嫌を伺ってくるのも共通している。

では、宝暦十年（一七六〇）に井伊直幸が京都上使役を務めた際の式書（彦根藩井伊家文書）をもとに、その務めの概要をみていこう。

直幸が務めたのは、徳川家治が同年九月に将軍宣下を受けたことに対して天皇へ返礼を述べるための上使である。九月二日に将軍宣下式が済むと、六日に直幸は登城し、家治に対面して天皇へ伝える言葉を承った。十五日に江戸を出立して彦根に立ち寄った後、十月一日に京都へ入る。井伊家が京都上使を務める時には河原町にある土佐藩邸を宿所とするのが通例であり、今回も土佐藩邸に入った。

京都には、京都所司代をはじめ多くの幕府役人が駐在しており、彼らのサポートのもとで上使の御用を務めることになる。上使は三回参内するのが通例であり、まず天皇に対面して将軍の言葉を伝えるための参内の準備が整えられた。

図21　京都御所　諸大夫の間

十月六日、直幸は最初の参内を果たす。公家の正装である衣冠《いかん》を着用し、輿《こし》に乗り唐門《からもん》（宜秋門）から参内した。まず「諸大夫《しょだいぶ》の間《ま》」で武家伝奏の公家と対面して将軍の言葉を伝える。伝奏がこの旨を天皇へと言上し、対面となる。対面は清涼殿《せいりょうでん》で行われる。伝奏の合図により中段へ進み、上段に座する天皇の御顔を拝見して元の位置に戻った。ただし、この儀式の次第を記した式書には、「とくと龍顔《りゅうがん》を拝し奉り、その上平伏仕《つかまつ》る義宜しく候」と承知していると記す。通常の御目見の儀礼では、正面に進み出てもまず平伏し、上位の者が「面《おもて》をあげよ」と言われて初めて顔を上げる。また、顔を上げてもむやみに上位の者の顔を眺めるのは無礼な所作である。ところが、ここで将軍の上使はじっくりと龍顔（天皇の顔）を拝見し、その上で平伏するよう代々言い伝えられているという。形式上は天皇に頭を下げながら、尊大な所作をとることで実質的な上下関係を表現したということができるだろう。おそらく、このような所作は京都上使を務めた大名家すべてが行ったわけではなく、井伊家など一部の家にのみ伝承されたと思われる。この対面儀礼の中に、徳川将軍と天皇の関係が反映されているということができる（朝尾直弘編、二〇〇四）。

翌七日は二度目の参内日である。この日は天皇との対面はなく、舞楽を見物し、料理が下された。

九日には二条城への「御城入り」を果たした。二条城は京都における徳川の城であり、上洛した将軍の居所となる。将軍が上洛しなくなると、御城番《おしろばん》や御殿番《ごてんばん》が留守を守り、江戸から交代で城郭警備の者が派遣された。そのような将軍の城を将軍名代が訪れるのが「御城入り」の行事である。御殿番三輪《みわ》市之丞《いちのじょう》と大工頭《だいくがしら》中井《なかい》主水《もんど》の案内により城内を巡り、二条城に詰める幕臣の挨拶を受けた。見学コースの中には御車舎がある。ここには家康・秀忠・家光が使用した車や駕籠が収納してある。将軍宣下や二条行幸といった幕府の創設にかかわる重要行事で使用された

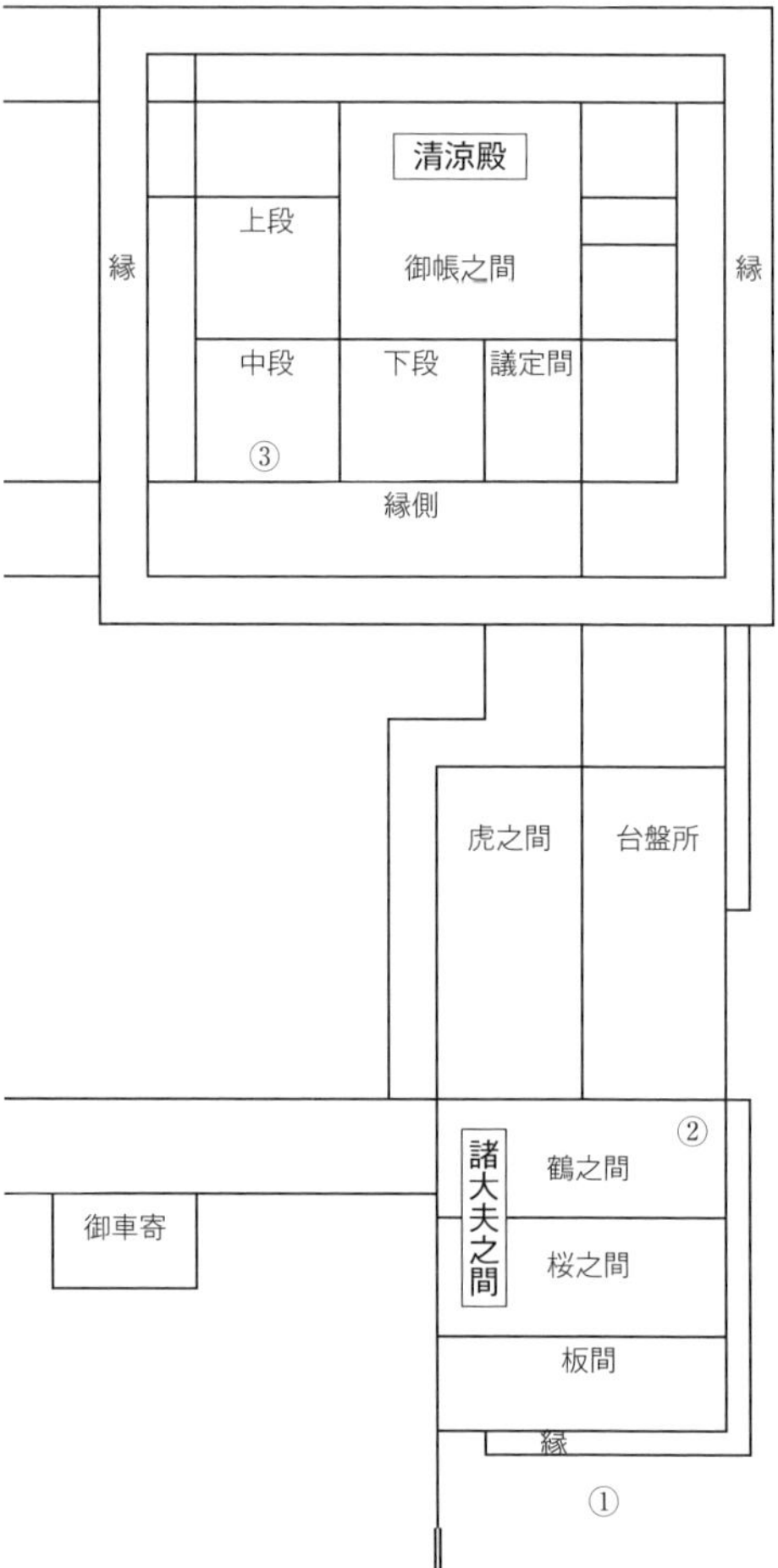

①諸大夫之間の縁側から昇殿
②鶴之間にて武家伝奏へ将軍の言葉を伝える
③清涼殿中段に進み出て天皇に拝謁

図22　井伊直幸の参内

ものである。続いて二丸御殿・本丸御殿の内部、天守台など城内を巡った。

京都滞在中には、徳川将軍家ゆかりの寺院へも出かけている。知恩院と養源院《ようげんいん》には徳川将軍家の位牌が祀られており、金地院には家康を祀る東照宮があった。これらに参詣するのも上使の役割であった。また、上使としての公務の合間には、彦根藩の京都屋敷や大津蔵屋敷に立ち寄っている。これは井伊家当主の立場での行動となる。そのほか、巡見と称して京中やその周辺の名所の見物にも出かけている。直幸は宇治と北野天満宮に出かけたほか、帰

図23　金地院東照宮　京都市左京区南禅寺

途には石山寺に参詣している。巡見先は上使本人の好みで選ぶことができたようである。大名といえども、江戸と国許の往復を離れて自由に各地へ行くことは許されず、直幸もこの時しか京都を訪問していない。上使としての上洛は京都の名所巡りを楽しむ貴重な機会でもあった。

十一日には三度目の参内を行った。将軍への返事を承り、帰国の挨拶を述べるためである。このときも清涼殿で天皇へ対面した。その後、武家伝奏を通じて将軍への返事を承り、拝領物を受け取った。これが終わると御所内部を見学している。清涼殿のほか、紫宸殿《ししんでん》・宜陽殿《ぎようでん》などを巡った。

京都でのすべての行事を終えた直幸は、十月十五日に京都を出立して江戸への帰路についた。江戸へ戻ると、十一月一日に江戸城へ登城する。出立時と同様、御座之間で将軍に対面し、上段まで上がって天皇からの返答を伝えた。述べるとすぐに上段から下りて下段に着座すると、将軍から「かれこれ骨折りであった」と慰労の言葉が発せられた。

京都上使は数年から十年ほどに一度のペースで派遣されている。上使の行列は足軽隊を先頭とする軍装で、葵紋をつけた将軍からの進献物に続き、御供に囲まれた上使が進む。約二千人もの隊列を組んで将軍の使者が京都へ入る姿は、道中や京都の人々に対して徳川将軍家の威光を示す絶好の機会となった。

具足祝儀の相伴

江戸城で行われる正月行事の一つである具足祝儀《ぐそくしゅうぎ》にも、井伊家のみが務める御用がある。将軍が具足餅の御膳を食する際の相伴《しょうばん》である。

具足祝儀とは、徳川家康が関ヶ原合戦の際に着用したという葉朶具足《しだぐそく》（実際はそれを模した「御写形」の具足）を正月に江戸城黒書院の床の間に飾って鏡餅を供え、十一日（家光の時代は二十日）にその鏡餅を開いて将軍と家臣で分けて食する行事である。餅を下されるのは譜代大名と幕府役人のみであり、御三家や外様大名はこの日は登城せずこの行事には加わらない。家康の具足は徳川将軍の軍事的象徴であり、そこに供えられた餅を共食することで徳川の軍事力を構成する者たちの団結を再確認する儀礼といえる。

具足祝儀では、将軍が黒書院に着座すると、具足餅の御膳と盃が運ばれ、それに口をつける。その際、将軍の正面に着座して同じ空間で具足餅と盃を下賜されるのが相伴である。具足祝儀そのものは秀忠政権期から実施されていたようであるが、相伴が初めて確認できるのは寛永十年（一六三三）のことで、井伊直孝・松平忠明が務めた。両名は前年より幕政参与を務めており、それに連動して相伴するようになったとみることができる。両名以外の譜代大名や将軍側近らは別の部屋で餅と酒が下されており、同じ空間で共食するという特別な行為は両名だけに許されたものであった。

翌年以降も直孝は毎年相伴したが、直孝の没後はしばらく相伴する者がいない状態が続く。その間、直孝の家督を継いだ直澄は黒書院では将軍に御目見だけして餅は別の部屋で下賜されている。寛文十年（一六七〇）から直澄が相伴するようになり、相伴者が復活した。さらに、直興・直幸・直亮・直弼も大老に任命された翌年から相伴を開始し、大老を退任しても隠居するまで引き続き務めている。直澄の場合は大年寄就任の翌年である寛文九年は体調不良のため欠席しているので、大年寄や大老への就任が相伴する条件であったことになる。

ただし、大年寄としては直澄より先輩格にあたる保科正之は一度も相伴していない。一方、直幸らは大老退任後も引き続き相伴している。このことから、相伴は大年寄・大老の職務に伴うものではなかったことがわかる。直孝と忠明は徳川の軍事指揮官筆頭として家光の政務に参与していたことと、この行事そのものが徳川の軍事的結束をあらわすものであることを考えると、直孝・忠明は徳川の軍制上トップの格式、つまり「御家人の長」として相伴したといえるだろう。

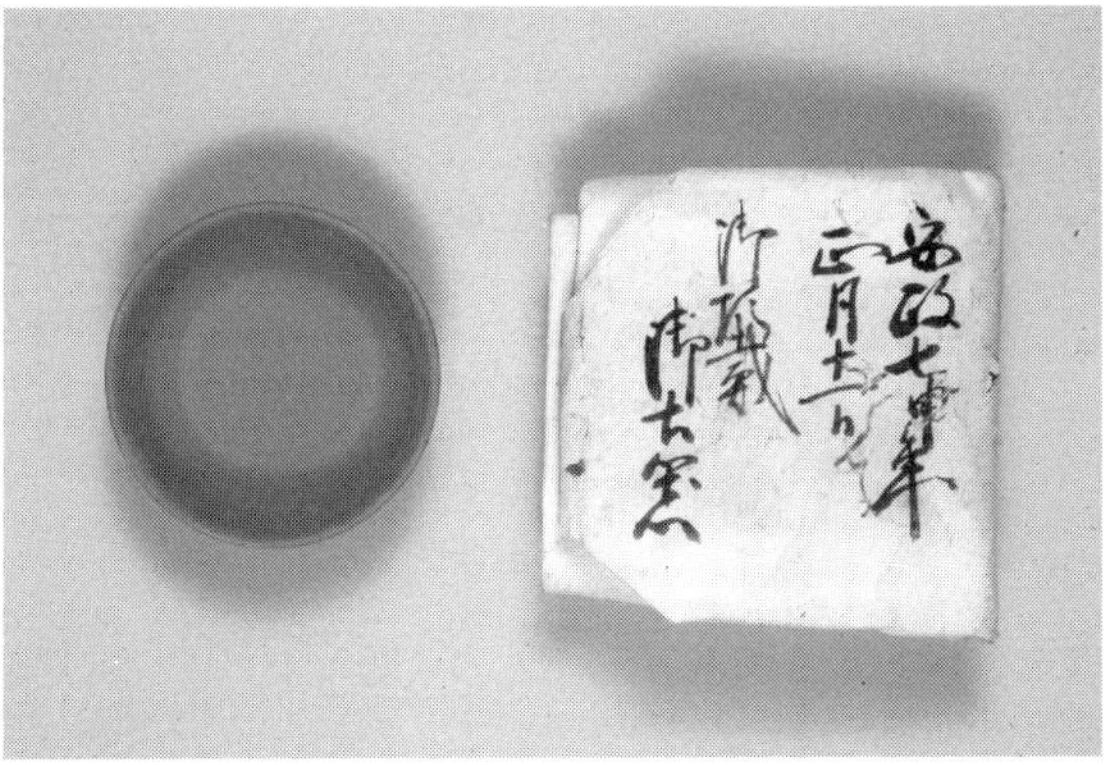

図 24　井伊直弼が具足祝儀で相伴して拝領した盃
彦根城博物館所蔵

それに対して、正之が相伴を許されなかったのは、正之はあくまでも直孝に次ぐ存在であり、同じ格式にまで並ぶことはないと考えられたからではないだろうか。それは正之の官位にもあらわれている。承応二年（一六五三）、正之が将軍の使者として京都に派遣されると、朝廷は従三位を授けようとしたが正之が固辞したため改めて正四位下中将が下された。固辞した理由は諸説あるが、直孝の官位（正四位上中将）より一段下に落ち着いており、直孝との序列が考慮された結果とみることができる。

具足祝儀での相伴は「御家人の長」を象徴する行為と位置づけられる。相伴できたのが井伊家であっても大老就任後に限られるということは、大老には「御家人の長」に就く意味も込められていたといえるのではないだろうか。井伊家にとって大老とは役職にとどまらず、上昇できる最上級の格式という側面を持ち合わせていたと考えられる。

朝鮮通信使の応接

朝鮮通信使は隣国朝鮮国王から派遣された外交使節団であり、江戸城で徳川将軍に対面したのは十回をかぞえる。家光の時代に新たな両国の関係を築くと、家綱の代以降は将軍代替わりごとに派遣された。通信使来日にあたって、井伊家は二つの御用を務めた。

一つは使節の通行に伴う「馳走《ちそう》」と輸送の御用である。馳走とは他所からやってきた旅人をもてなすという意味であり、幕府は昼休憩と宿泊ごとに馳走担当者を指定した。井伊家は彦根での宿泊と、翌日の昼休地となる今須宿での馳走（美濃代官と合同で担当）が命じられた。朝鮮使節の通行には、遠方の大名も船・馬の提供など何らかの御用が振り分けられる中で、通行ルートにあたる井伊家は自らの城下町で使節の宿泊を受け入れた。彦根では家臣・町人が総力をあげて、使節約四百人と随行する対馬藩士約千人分の宿所と食事を準備した。そのもてなしは「陸路中の第一」と褒め称えられたほど、使節の心を打つものであったと伝わる（野田浩子、二〇一九）。

井伊家には、それとは別に使節が江戸城で将軍と対面する儀礼で独自の役割があった。

通信使は、正使・副使・従事官の三使が朝鮮国王の国書を持参して徳川将軍へ手渡すことを任務とした外交使節団であり、国書受け渡しの儀式が江戸城本丸御殿の大広間で盛大に執り行われた。日本と朝鮮の外交関係が確立した寛永十三年（一六三六）の儀式では、上段に着座する将軍家光の傍らに井伊直孝と松平忠明、老中土井利勝・酒井忠勝の四名が列座して使節と対面した。儀式が始まり、三使が国書を渡して将軍の面前に出て拝礼すると、直孝ら四名が家光の近くへ召されて「このたび朝鮮国が誠信を重んじられ、信使を差し渡されたことは御感浅からず。また、三使は遠路を来られ、苦労に思っておられる」という将軍の上意を承る。四名は下段で対馬藩主宗義成と対面して座り、この旨を伝えると、義成から堂上訳官（筆頭外交官兼通訳）洪《ホン》喜《ヒ》男《ナム》を経て三使へと伝達された（「朝鮮信使記録」、『酒井家本江戸幕府日記』）。直孝・忠明の役割の一つに将軍の上意伝達があったことは第二章で述べたとおりであり、通信使の対面儀礼でもその行為が確認できるということである。

直孝没後初となる天和二年（一六八二）の通信使では、直興が列座と上意伝達を務めている。「井伊家系譜」には、直興は「先規のとおり」御用を務めたと記す。それ以降も井伊家は老中筆頭と二人で上意伝達を務めており、直孝による上意伝達の役割が次世代以降へ定着したということができる。

コラム―2

描かれた上意伝達

「朝鮮通信使歓待図屏風」

直孝による上意伝達の姿は絵画にも描かれている。朝鮮通信使が江戸にやってきた様子を描いた「朝鮮通信使歓待図屏風」（泉涌寺所蔵）である。秀忠娘の東福門院の遺品と伝わり、朝鮮通信使という徳川の威信をあらわす国家行事の様子を幕府関係者が描かせて贈ったと考えられている。ユネスコ「世界の記憶」に選定されている「朝鮮通信使に関する記録」の一点でもある。

右隻では通信使の行列が町の中を進み、左隻では持参した国書を江戸城で徳川将軍に渡す儀式の様子が描かれている。国書捧呈式は江戸城大広間で執り行われ、将軍は上段に着座した。この図には、御簾の奥に着座する将軍の姿は描かれないが、その左に国書が置かれており、国書が無事に将軍へ手渡されたことが示されている。

将軍の正面（下段）では、朝鮮使節の三使が右端に並び、その前で拝礼する者に束帯姿の三名が何かを伝えている。彼らは束帯の色から四位以上の官位をもつ者と判断できる。また、右隣の二の間には朝鮮の役人が控え、その奥には諸大名が列座してこの儀礼を見守っている。下段と二の間の境界付近の縁側にも朝鮮の役人が下段の様子を窺いながら控えている状況が描かれている。式の次第からみて、下段では幕閣が対馬藩主宗氏へ将軍の言葉を伝える状況を描いていると考えられる。このあと、宗氏は縁側に控える堂上訳官へその言葉を伝え、そこから三使へと将軍の言葉が伝達されることになる。

これまでの研究では、東福門院と絵師の生没年をもとにこの作品は明暦元年（一六五五）の使節の様子を描いたものと推定されている。また、左隻で右に向かって並ぶ束帯姿の三名は、徳川御三家の当主（紀伊徳川頼宣・水戸徳川頼房・尾張徳川光友）とされてきた（ロナルド・トビ、二〇一六）。しかし、徳川御三家が下段へ出るのは、

図 25　「朝鮮通信使歓待図屏風」に描かれる江戸城での国書捧呈式　泉涌寺所蔵

国書捧呈式が終わり、三使へ饗応膳を振る舞う時である。将軍が退席して御簾は下げられ、三使と御三家が対面して座ると七五三の膳が運び出されて盃を交わした。この屏風に描かれるのはこのような宴席ではなく、遠路国書を持参した使節へ将軍の言葉を伝える緊張感ある場面であることは明らかであろう。

将軍の上意を対馬藩主へ伝達した幕閣は、明暦元年は大年寄直孝・保科正之、老中酒井忠清、大老（老中上職）酒井忠勝の四名であった。その前回の寛永二十年（一六四三）は直孝・酒井忠勝・堀田正盛の三名であり、伝達者の人数だけからみると寛永二十年の方がふさわしいように思える。ただし、絵画は省略して描かれることも多い。また、国書捧呈式は寛永十三年のものを先例として継承しており、それ以降毎回、将軍の上意を幕閣が発言している。そのため、特定の年次のものではなく通例の国書捧呈式を描いたものかもしれない。

いずれにしても、寛永十三年から明暦元年までの三度の通信使では、上意伝達の列の筆頭にいたのは直孝であり、この図には直孝による上意伝達の瞬間が描かれていることに変わりない。

五 溜詰大名としての井伊家

1 大名殿席制と溜詰大名

大名殿席制とは

大名の家数は約二百六十家もあり（江戸後期の家数）、幕府はすべての大名を適切に把握して各種指示を出すために類似した家格ごとにグループ化をはかった。大名がもっとも多く揃うのは江戸にいるすべての大名が出席することになっている江戸城での殿中儀礼であり、その儀礼の際に一緒に行動して同じ部屋で並ぶ者が七つに区分された。それが殿席制である。

殿席制では、役職者を除くすべての大名が将軍との親疎関係（一族・家臣・外様）や官位の上下、幕府が課した役割の違いにより区分され、原則として殿中の部屋名に由来する名称がつけられた。法令などを全大名へ一斉に通知する際には席の代表から席内各家に伝達するといった実務的な機能をもったほか、同席の者は同様の格式にあるとみなされて役職・御用を課す基準ともされた。

殿席制が確立した時期は綱吉政権後期から家宣政権期ごろと考えられる。江戸時代初期から、幕府は諸大名を「国持大名」「譜代衆」「詰衆」といった集団で把握してその集団ごとに登城を指示していたが、その集団と江戸城の部屋名が結びつけられた事例が宝永元年（一七〇四）に確認できる。同年三月、元号が宝永へと改められると、幕府は諸大名を江戸城に集めてその旨を申し渡した。その際の部屋割は、

表6　大名の殿席

<table>
<tr><th>将軍親族</th><th colspan="2">将　軍　家　臣</th><th>そ　の　他
（外様・越前松平系等）</th></tr>
<tr><td rowspan="2">大廊下
徳川御三家
加賀前田
将軍息男（一代限り）</td><td colspan="2">溜詰（侍従以上）
彦根井伊・会津松平・高松松平等</td><td>大広間（四品以上）</td></tr>
<tr><td>帝鑑間
「譜代衆」ともいう</td><td>雁間詰
「詰衆」として出仕

菊間縁頬詰
「詰衆並」</td><td>柳間（五位）</td></tr>
</table>

大廊下：国持大名・表向大名
帝鑑間：譜代大名・寄合の面々
書院溜：溜詰衆
雁之間：詰衆・高家衆・奏者番・芙蓉間役人
菊之間：詰衆・諸番頭・諸物頭・諸役人

というものであった（「右筆所日記」）。この大名のまとまりと部屋の関係を殿席と比較すると、大広間席・柳間《やなぎのま》席となる外様大名（ここでは国持大名・表向大名と表記）は二分割されておらず席名も異なるが、譜代大名は大名集団と席名の関係が殿席制のものと同様となっている。次に述べるように溜詰という名称の初出がこの数年前であることをあわせて考えると、このころまでに殿席制の基本的枠組がすでに整備されており、宝永元年は制度が確立する一歩手前の段階であったとみられる。

殿席「溜詰」

譜代大名の殿席は、溜詰・雁間詰《がんのまづめ》（詰衆）・菊間縁頬詰《きくのまえんがわづめ》（詰衆並）・帝鑑間《ていかんのま》席の四つがある。帝鑑間席の大名は地域の軍事拠点に配された徳川直轄軍団の系譜を引き、本来は居城に詰めるのが原則であった。参勤交代が制度化されて定期的に江戸に滞在しても、外様大名と同様、儀式のある日のみ登城した。一方、詰衆は将軍の周辺に詰めてその身辺を護衛するのが本来の役割である。そのため、役職には就いていないが毎日数名ずつが交代で登城した。

表７　溜詰大名一覧

家名・名前	居　城 （幕末時点）	区　分
井伊掃部頭 松平肥後守 松平讃岐守	彦　根 会津若松 高　松	常　溜 （世子・当主とも常に溜詰）
松平下総守 酒井雅楽頭 松平隠岐守 松平越中守	忍 姫　路 伊予松山 桑　名	飛　溜 （別の席を経て溜詰，但し代々溜詰入するのは中後期から）
奥平大膳大夫昌高 酒井左衛門尉忠器 小笠原大膳大夫忠固 堀田備中守正篤	中　津 庄　内 小　倉 佐　倉	一代切 （本人のみ溜詰格を経て溜詰）

それに対して溜詰は官位が侍従以上であり、将軍家臣のうち最上層の格式を持つ者の集団である。その名に「詰め」が入っていることからわかるように、儀礼の際に将軍のそば近くに仕えるなど独自の役割を担っていた。井伊家・会津松平家・高松松平家は世継ぎの初官が侍従であり、出仕当初から溜詰にあった。一方、家督当初は別の席であるが、侍従へ昇進して溜詰に入る家として、忍《おし》藩松平下総守家・松山藩松平隠岐守家・姫路藩酒井雅楽頭《うたのかみ》家・桑名藩松平越中守家の四家がある。江戸後期には前者を「常溜《じょうだまり》」、後者を「飛《とび》溜《だまり》」と称して区分することもあった。

溜詰の前身となる集団は家綱政権当初の慶安四年（一六五一）ごろには存在していた（第三章参照）。月次御礼では保科正之・井伊直滋・松平定行・松平頼重・松平忠弘が一緒に御目見している。しかし、殿中でのあらゆる機会に一緒に行動するわけではなく、また、彼らに与えられた役割には格差があった。その格差がなくなり、彼らが一同または交代で務めるようになった時期と、溜詰という名称が登場する時期が一致する。

溜詰の成立

幕府で作成された日記類をひもとき、溜詰という席名が初めて使用された時期を確認したところ、「右筆所日記」元禄十三年（一七〇〇）二月十五日条に「溜之間詰」という記述があった。ただし、この表現がみられるのはこの日限りで、同年五月十四日には「溜詰之面々」とあり、その後は「溜詰」で統一される。つまり、二月は席の名が確定する前の流動的な段階であって、五月にはそれが固定されたということになり、これをもって名称という点で溜詰が成立したということができる。

実態としてもこのころに殿席の特質をもつ集団への変化がみられる。

将軍による祖廟参詣時に先導する先立御用は、井伊直孝が初めて務め、その後保科正之、井伊直澄や老中のうち二名程度が交代で務めていた。元禄年間は井伊直興と保科正容《まさかた》が務めており、元禄十二年からは帰国した直興に代わり柳沢吉保が務めていた。この体制に変化がみられたのが元禄十四年のことである。隠居間近の松平頼常がこの年になって初めて先立を拝命した。また、宝永元年（一七〇四）に頼常の家督を継いだ松平頼豊《よりとよ》は宝永四年から先立御用を務めはじめている。このように、溜詰の成立と同時期に先立御用が溜詰全員へ課されるようになったことがわかる。

さらに、頼豊は老中から家督相続を認めるという上意を伝えられた際、あわせて「溜詰を仰せ付ける」と承った。それ以降、溜詰に加わる者は同様の申し渡しを受けるようになる。このような申し渡しがなされる前提として、溜詰が果たすべき行為・役割が確定されている必要がある。この点からも、宝永元年までに、席ごとに一緒に行動し、同様の役割を命じられる殿席の特徴を持ち合わせた集団としての溜詰が成立していたということができる。

なお、幕府の公式な文書では、最初の一例以外はすべて「溜詰」という表記であり、「溜詰」が席の正式名称となる。他の席の名称が御殿の部屋名に由来しているため、「大名武鑑」など民間の出版物に「溜之間」席と記されることがあるが、これは正確さに欠ける表現である。

応　対	
御機嫌伺 ［溜詰一同］	井伊家単独
間1・火事	
法事2・土用入	
間1	拝領御礼
間2	
間1	
間2	
間1(1)	拝借金承認
間1(1)・寒入	拝領御礼
間1	
間1・(火事)	
間1・法事	
間2	
火事	
	娘縁組

2　井伊直幸の江戸勤め

年間の登城日

将軍と主従関係を結ぶ大名は、通常は一年間江戸に滞在して幕府へ出仕し、次の一年は暇を得て帰国する。井伊家も、特別な御用を務める場合は江戸滞在が長引くが、それ以外は同様のサイクルで江戸と彦根を行き来した。江戸滞在中は定期的に登城して大名としての勤めを果たす。その日程や登城しての行動は殿席を単位とするため、井伊家は溜詰の規定に沿って登城することになる。

井伊家当主は一年間、どのように行動し、幕府から課された役割を果たしていたのだろう。直幸が明和四年（一七六七）五月に参勤してから翌年五月に暇を得て帰国するまでの一年間を例にとり、その実態をみていきたい。

直幸の登城日は、行事・目的により三つに大別できる。

①すべての大名が惣登城《そうとじょう》する行事（特定の殿席のみ登城しない年中行事も含む）

節句や月次御礼といった年中登城日にはそれぞれ定められた方式で将軍へ拝謁した。同じ殿席の者が揃って行動するのが基本である。このほか将軍家の冠婚葬祭に際して祝儀を述べるなど臨時に惣登城を命じられることもあった。明和四～五年には六回をかぞえる。その場合将軍には対面せず老中へ祝儀を述べている。

②井伊家固有の目的での御礼や拝命

井伊家固有の目的での将軍への対面は、明和四年からの一年では、参勤御礼と暇の拝命

表8　井伊直幸の登城日数　明和4年〜5年

	将軍出御の行事			老　中
	定例・臨時行事［溜詰の御礼あり］	着　座［溜詰一同］	井伊家単独	臨時惣登城
明和4年5月	月次1・端午		参勤御礼	
6月	月次1・嘉定			法事2
7月	月次2・七夕			
8月	月次1(1)・八朔			
9月	月次2・重陽			
閏9月	月次2			
10月	月次2・玄猪			
11月	月次2			
12月	月次3			民部卿婚礼
明和5年1月	月次2・年頭2・具足	年頭1		
2月	月次1	日光久能鏡披		立坊済祝儀
3月	月次2・上巳			万寿姫縁組
4月	月次2・万寿姫結納［譜代一同］	勅使3		(万寿姫結納)
5月			暇	

(　)は出席すべきところ欠席した日数.
間＝間の御機嫌伺い登城.
「直勤日記」(彦根藩井伊家文書)により作成.

の二度あった。別の年には家督相続、官位昇進、隠居や役職就任など本人の身分にかかわる命令・承認があった際に将軍へ対面して御礼を述べている。一方、登城するが将軍へは対面しない日として、老中からの申し渡しや御礼言上がある。明和五年五月には直幸娘の宣姫と土屋《つちや》篤直《あつなお》（土浦藩主）の跡継ぎとの縁組を願い出ていたところ、直幸と篤直が揃って老中より呼び出され、願いの通り仰せ付けると申し渡されている。また、将軍が鷹狩で捕らえた鳥が下賜され、屋敷へ届けられると登城して老中へ御礼を述べたのが二回あった。

③溜詰独自の御用のための登城

溜詰は、将軍が外部勢力と対面する儀礼の場では幕閣の位置に列座した。この行為は「着座」と呼ばれる。①の年中行事日には自身の拝謁の後に着座したほか、本人としての拝謁がなく着座のためだけに登城した日もある。一方、老中に対面する溜詰独自の御用として、将軍の御機嫌伺いがある。

①と②はどの殿席の大名にも共通する登城であり、③のみが溜詰独自のものである。次に③の詳細をみていこう。

着座と詰め御用

井伊直澄が直孝から受け継いだ御用の一つに、将軍が諸大名と対面する席で「老中並みに御次之間に詰める御用」があった（第三章参照）。これをさかのぼると、井伊直孝と松平忠明による幕政参与の行為の一つである「伺候」に行き着く。この役割が次世代以降に継承されていき、溜詰の御用となって「着座」と呼ばれた。

この着座御用は、外様大名、公家や外国使節など徳川にとって外部勢力の者が登城してきて将軍と対面する式で、老中の上座に列座する行為である。定例の月次御礼や節句など溜詰自身が対面する行事のある日にも、別の部屋で行われる彼らの対面式では着座している。そのほか、外様大名の年始御礼（正月二日）、日光・久能鏡抜き《かがみびらき》（日光東照宮と久能山東照宮から鏡餅や御札が届けられ、日光門主は年頭御礼を述べる、二月一日）、勅使参向《ちょくしさんこう》（明和五年は四月）には、溜詰は幕閣の列に着座する目的で登城した。

溜詰には、将軍の対面儀礼の際にもう一つ独自の御用があった。将軍が「表」出御する際に黒書院溜之間《たまりのま》（松溜）へ並ぶ行為で、「詰め御用」と呼ばれた。「表」の空間へ出てきた将軍を迎えて、その周辺を固める意味をもつ。溜詰が登城しない日に将軍が「表」出御する場合には雁間詰（詰衆）の者が溜詰に代わって同様の役割を果たしている。この御用は、慶安四年、四代将軍家綱の代始めの時に井伊直滋が「切々相詰め」と命じられた（『酒井家本江戸幕府日記』）ものにまでさかのぼることができる。

年中行事で登城した溜詰の殿中での行動は、本人の拝謁と着座・詰め御用が組み合わされていた。そこで、溜詰の行動マニュアルともいうべき「恒例臨時行事留帳」（彦根藩井伊家文書）により、月次御礼で登城した溜詰は殿中でどのように行動していたのか具体的にみていきたい。

月次御礼日の溜詰の行動

月次御礼は毎月一日・十五日と二十八日（月によっては行われない場合もある）に行われ、諸大名が一斉に登城して殿席ごとに将軍へ御礼を述べる定例の行事である。将軍はその生活空間である「奥」から対面儀礼を行う「表」空間に出てきて黒書院・白書院で諸大名と対面し、再び「奥」へ戻った。まず黒書院で大廊下席（徳川御三家・加賀前田家ら）・溜詰と対面し、次に白書院へ移って外様大名らとの対面式が行われた。黒書院の方が「奥」に近く将軍の私的性格が強い。

月次御礼日には、井伊直幸は五つ時過ぎ（午前八時ごろ）に屋敷を出発して登城し、まず御数寄屋勝手《おすきやかって》へ入る。御数寄屋勝手は白書院の近くにある部屋で、定例の惣登城日や「間《あい》の御機嫌伺い登城」日には溜詰が控え室として用いた。将軍は四つ時（午前十時ごろ）に「表」へ出てくることになっており、その準備のため「奥」と「表」の間にある御鎖口が開いたという知らせを聞くと、溜詰は揃って黒書院溜之間（松溜）へ向かい、列座して将軍の出御を迎える。この行為が「詰め」御用である。御鎖口を出たところが黒書院棟という位置関係であり、溜詰による「詰め」行為とは「表」に出御してきた将軍の近辺に詰めてその周辺を固める意味をもつ。

黒書院での対面儀礼は、まず将軍の親族にあたる大廊下席の者との間で行われ、続いて溜詰が御礼を申し上げる。大廊下席は下段で一人ずつ対面するが、溜詰は官位順に並んで一斉に縁側へ出る。明和四年から五年にかけては松平頼恭《よりたか》（高松藩主）・井伊直幸・松平頼真《よりざね》（高松藩世子）の三名が江戸におり、対面・列座の際にはこの順に並んだ。大廊下席と溜詰の対面方式を比較すると、大廊下席の方が将軍に近い位置で丁寧な対面となっている。殿席ごとの格式の違いがこのような所作それぞれで表現されていた。

黒書院での礼式が終わると将軍は白書院に向かい、大広間席・帝鑑間席・柳間席の大名と対面する。その際、溜詰は幕閣として列座するため、竹の廊下を通り先回りして白書院へ向かう。白書院では西の縁側に並び、老中の上座に列座した。この行為が「着座」である。白書院では月次御礼に続き参勤や家督など個別大名ごとに将軍の面前

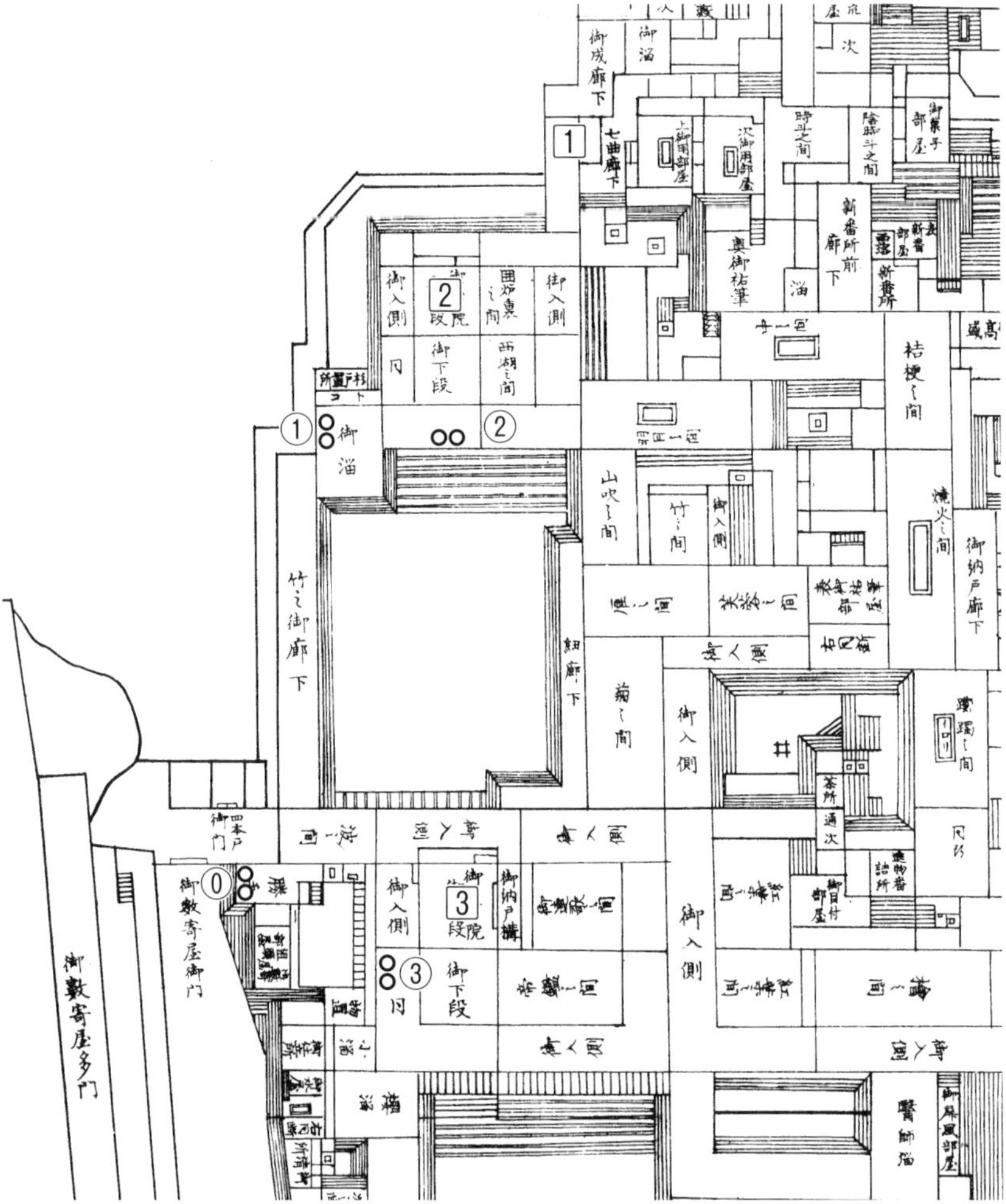

月次御礼登城時の溜詰の行動

⓪控席：登城してまず入る控え室

①詰席：将軍出御（1）にあわせて詰める

②礼席：黒書院で将軍（2）の面前に一同が出て御礼を述べる

③着座：白書院での対面式（将軍は3）の間，老中の上座に着座する

図26　溜詰の「詰め」席・月次礼席・着座席　「御本丸表中奥絵図」（『徳川礼典録附図』）に加筆

に出ての御礼が行われる。これが終了し、将軍が「奥」へ戻ると、溜詰は老中に向かい、「（将軍は）御機嫌よく御礼を請けさせられ恐悦《きょうえつ》」とその日の対面儀礼が無事に終了した祝意を述べて退出した。

御機嫌伺い登城

溜詰は毎月定期的に、同席一同揃って登城して老中へ対面し、将軍の御機嫌を伺っている。「間の御機嫌伺い登城」と呼ばれており、月次登城日の中間にあたる七日から十一日ごろと二十一日から二十三日ごろの中で一日ずつ、都合のよい日程を調整して登城した。もっとも、節句などによりこの期間に将軍に対面する予定がある場合には実施されない。つまり、将軍に御目見する間隔が半月程度となる場合に、その中間で登城して御機嫌を伺うということである。

「間の御機嫌伺い登城」日の殿中での行動をみていく。まず常のように御数寄屋勝手へ入り、全員が揃うのを待つ。揃ったところで同朋頭《どうぼうがしら》を呼び寄せて登城した旨を老中へ伝えさせる。その上で一同が揃って松溜《まつだまり》へ行き、着席したところへ老中が揃ってやってくる。対面して着座し、溜詰の筆頭が老中へ将軍の御機嫌を伺い、老中より回答を得る。ついで老中から、溜詰が登城した旨を将軍へ伝えると承り、それが済むと退出するのが基本型であった。

「間の御機嫌伺い登城」が実施されたのは将軍の体調が良好な状況の時であり、体調不良の場合には登城する頻度が高くなる。状況に応じて毎日、一日ごと、といった頻度で登城し、将軍の体調を把握した。

火事・地震・落雷などの災害が発生したときにも、溜詰は江戸城へ駆けつけることになっている。登城する基準は老中が登城したかどうかであった。溜詰は登城すると羽目之間《はめのま》に詰め、老中に対面して将軍の御機嫌を伺った。将軍の様子に問題が無く、鎮火するなど収束したと確認できると屋敷へ戻った。

このように、溜詰は定期的に将軍の御機嫌を伺っており、その身の安寧を常に確認する役割があったことがわかる。四代将軍家綱のころにさかのぼると、たとえば明暦の大火が発生すると老中と井伊直孝が協議して将軍の避難先を検討したように、将軍本人の動向にかかわる協議には直孝も加わっていた。溜詰成立後は形式化していたとは

図 27 「千代田之御表　芝増上寺初御成之図」 国立国会図書館デジタルコレクション
将軍が歴代将軍廟所に詣でる際，井伊家ら溜詰が先導した．

いえ、直孝の役割を継承して、日常的に将軍の様子を把握しておき、万一の場合には老中と協議することが溜詰に求められたということである。

将軍家廟所参詣の御用と自拝

徳川将軍は先祖である歴代将軍の命日にその廟所へ本人または使者による参詣を行っている。

歴代将軍は、家康と家光が日光山に葬られたほかは、上野の東叡山寛永寺、芝の三縁山増上寺のいずれかを墓所として御霊屋《おたまや》が建立された。そのほか江戸城内紅葉山にも将軍専用の参拝施設として東照宮と御霊屋が造営されていた。時期により変動はあるが、将軍は年始と祥月命日、遠忌法会には寛永寺・増上寺へ行き、正月・五月・九月・十二月には紅葉山にて参詣することになっていた。

参詣に出かける将軍は、御殿から輿または駕籠に乗り廟所へ向かう。これらは将軍が江戸城本丸御殿から外出する数少ない機会であり、譜代大名・旗本らが御供や周辺警固のために出務した。溜詰は御霊屋内で将軍を先導する先立役を交代で務めたほか、遠忌法会では列座する御用が与えられている。

先立役は、廟所に到着して乗物から降りた将軍が徒歩で廟堂内を進み、参拝して再び廟所入口へ戻るまでを先導する役割である。先立が初めて確認できるのは、明暦二年（一六五六）五月十七日、将軍家綱による紅葉山東照宮参詣の時で、井伊直孝が務めている。先代の将軍家光は公家の正装である衣冠束帯姿で参詣しており、太刀役・刀役の者らを従えていた。それに対し、幼少の家綱は長袴を着用して参詣することが多い。公家の礼装ではないため太刀役らは不要となり、それに代わって筆頭家臣の直孝が幼君を先導したと考えられる。直孝が務められなくなるとその後継者らが務め、溜詰の成立に伴い溜詰全員が交代で務めるという変遷をたどった。

表９　井伊直幸の将軍家御霊屋参詣日数　明和４年～５年

	御用（数字のみは先立）			自拝	
	紅葉山	寛永寺	増上寺	寛永寺	増上寺
明和４年５月	1			3	1(1)
６月		法事着座２	1		
７月	1			(1)	1
８月				(1)	(1)
９月	1			1(2)	2(1)
閏９月				1	1
10月				1	(2)
11月				1	1
12月	1			2	1
明和５年１月	1		1	1	(2)
２月				1	1
３月				1	1
４月	予参１			1	2
５月				1(1)	1

（　）は出席すべきところ欠席した日数.
「直勤日記」（彦根藩井伊家文書）により作成.

明和四年五月からの一年間で井伊直幸が参詣した回数は表9のとおりである。将軍家治が参詣する際の先立役は溜詰の松平頼恭・頼真と直幸の三名で交代しており、直幸は七回務めた。そのほか、家康の祥月命日である四月十七日の東照宮祭礼には溜詰は全員出務し、先立以外の者は現地で並び将軍を迎える「予参《よさん》」を行うことになっている。また、遠忌法会では将軍から霊前へ奉納品がある日や将軍参詣時には着座しており、明和四年には六月の吉宗十七回忌で直幸が着座御用を務めた。

先立役はそのとき江戸にいる溜詰の中から命じられる。通常は参詣前日夕方に老中からそれを命じる書面が届く。当日は、前日に指示された時刻までに現地へ向かうことになり、寛永寺や増上寺へは明け六つ（午前六時ごろ）前に出発するのが通例であった。刻限になると将軍が輿ま

図 28　江戸城・井伊家屋敷・寛永寺・増上寺の位置関係　「天保改正御江戸御絵図」（国立国会図書館デジタルコレクション）に加筆

たは駕籠に乗ってやってくるので、先立役は御霊屋入口の勅額門《ちょくがくもん》内で平伏して将軍を迎え、乗物から降りたところから内陣までを先導する。内陣前まで来ると、階段を上がって内部を見渡して問題ないことを確認し、すぐに階段を降りて脇に平伏する。先立はここまでで、将軍が内陣に入って参拝する間は拝殿にて控えている。参拝が終了すると勅額門外までの帰路を先導し、乗物に乗って戻る将軍を見送った。

一方、直幸は自分自身で参拝する「自拝《じはい》」のためにも定期的に寛永寺と増上寺の歴代将軍廟所へ出かけている。参拝した日は、歴代将軍それぞれの祥月命日、年頭・歳暮、参勤後・暇前、毎月十二日（家重の命日）・二十日（吉宗の命日）であった。この自拝とは、幕府から命じられたものではなく、井伊家側から幕府へ届け出て承認を得たものであり、形式的には大名側の自発的行為である。ただし、ほかの溜詰大名も同様に行っており、参詣日程が定められていることから、参詣者個人の意思で動かせるものではなく、井伊家当主にとって義務的行事であったといえる。

老中屋敷への廻勤と対面

江戸城を退出した後に公務が続く日もある。毎月一日には本丸御殿での月次御礼の終了後、将軍世継ぎの家基が居住する西丸御殿へ出向き、奏者番《そうしゃばん》に対面する。また、老中・側用人といった幕閣、徳川御三家、同席である溜詰らの屋敷へ挨拶に廻ることもあった。

老中・側用人の屋敷への廻勤は、明和四年（一七六七）から五年には九回確認できる。参勤した当日には、月番老中本人へ対面して無事に江戸へ到着したと報告し、将軍へ参勤御礼を申し上げたいと述べる。そのほかの老中や側用人へは取次役の家臣に対面して定例の口上を述べて廻った。老中の役宅は西の丸下など江戸城近くに集まっており、御礼を述べる大名は一軒ずつ廻ることになる。井伊家が廻勤したのは、参勤・暇のほかには将軍が鷹狩で捕らえた鳥の下賜、娘の縁組承認、拝借金の承認の御礼があった。拝借金は明和四年六月に彦根城内の佐和口《さわぐち》門櫓が焼失したため再建費用の一部を幕府から借用したいと願い、五千両の拝借が承認されたものである。大名が個別に命令や承認を受けたり拝領品を得た場合、登城して御礼を述べているが、それは将軍に向けてのものであり、それとは別に老中それぞれに対しても御礼を述べるために各屋敷を廻ったということである。

老中・側用人に対しては、前日に連絡した上で訪問し、本人と面会することもあった。就任後まもなくの相手に対面したのは、その祝いとこれから世話になる挨拶のためと考えられるが、それ以外にも井伊家側から申し込んで面会することがある。このころ直幸は家格上昇に執念を燃やしていたため、それに関連する依頼や相談かもしれない。

参勤すると御三家や同席の溜詰大名の屋敷へも訪問してそれぞれ挨拶して廻った。彼らへは、年始・暑中・寒中といった時候や、祝儀・不幸の際にも挨拶を述べるため訪問している。その他にも親族、古くから由緒のある大名、懇意の旗本らに対しても、付き合いの程度に応じて挨拶を交わした。

大名にとって、将軍を頂点とする大名社会の中で自身の立場を維持することが何よりも重要であり、その立場に基づいて将軍や諸大名と定期的に挨拶を交わし、交際した。

3　帰国に伴う儀礼と御用

暇を得る

大名が領地へ帰るということは、定期的な江戸城への出仕を免除され、将軍から暇を下されるという意味をもつ。将軍から暇を遣わす旨が伝えられ、拝領品を受け取り、帰国後には御礼の品を献上する。帰国するには将軍との主従関係を示すさまざまな儀礼行為を交わす必要があった。

井伊直幸は明和五年（一七六八）五月一日に将軍家治から暇を得ている。この日は月次御礼があり、将軍は黒書院・白書院で諸大名と対面するが、直幸はそれより先に御座之間に召し出されて将軍家治に対面した。「常例御暇式書」（彦根藩井伊家文書）には通常の御暇式の次第が記されており、明和五年もこの通りに行われたと思われる。

御暇式の日は通常の月次御礼日よりも早く、六つ半時過ぎ（午前七時ごろ）に出宅して登城する。まずいつもの控え室である御数寄屋勝手に入り、若年寄の案内に従って御成廊下を通って御座之間まで進む。御座之間の上段には将軍が着座しており、正面に出て平伏すると、老中が「井伊掃部頭」と名前を披露する。

「それへ」

との言葉でやや前へ出ると、

「在所への暇遣わす、緩々《ゆるゆる》休息いたすように」

との言葉がかけられた。次に

「鷹馬を」

との上意があり、

「在所への御暇下され、拝領物仕《つかまつ》りありがたき」

「ますます御機嫌よく御座遊ばされ候ように」

と暇と拝領品への礼を述べた後、暇の挨拶を申し上げ、御座之間を退く。

御座之間は将軍の執務空間である「奥」にあり、ここに入って将軍に対面するのは一部の役職や御用の任命などの場合に限られている。井伊家のように御座之間で暇を拝命したのは溜詰と大廊下席だけであった。井伊家にとっても、暇以外には日光名代や京都上使など将軍名代の御用や大老在任時しか入れない特別な空間である。

将軍の発言や拝領品も大名の格式により異なる。暇を下す際の将軍の言葉は大名の格式ごとに格差をつけた「台本」が準備されていた。溜詰大名は帰国ごとに鷹と馬を拝領し、初めての暇にはこれに刀が加わる。帰国の際に馬を拝領したのは十万石以上の大名と、十万石以下で先例のある家のみであった。馬は武家の乗り物であり、帰国道中で用いるようにという意味で下賜された。また、鷹を拝領したのは御三家・加賀前田家と溜詰のみである。鷹の下賜は領地に帰って鷹狩をせよという意図が込められている。鷹狩は領域を支配する権限の象徴とみなされており、徳川家康が全国支配とともにその権限を掌握していた。将軍が鷹を下賜する者にはその領域支配権を分け与えたことを意味する。

拝領した鷹と馬は、当日もしくは翌日に受け取る。馬は老中の使者が井伊家屋敷へ持参した。馬が到着すると、玄関式台の外で頂戴し、当主みずからが使者へ受領した礼を述べた。鷹は翌日に井伊家から城使役と鷹匠が若年寄の屋敷へ受け取りに出向き、拝領した鷹は井伊家屋敷の書院上段に置かれた。鷹・馬とも将軍からの拝領品としてそれにふさわしい扱いを受けたことがわかる。

通常なら、暇を得るとすぐに関係者へ挨拶に廻り、暇を得てから十日ほどで江戸を出立する。しかし明和五年の場合、直幸は体調不良という理由で幕府へ届を提出して江戸にとどまり、六月二十一日になりようやく帰国の途についた。その間、江戸城では月次御礼が行われているが、暇を得た後なので直幸は将軍へ対面する式には参加しない。また、六月十六日には城内竹橋門の櫓を火元とする火災が発生している。暇の後ではあるが城内での火事という非常事態であり、直幸は登城しようと考えて老中へそのことを伺うため家臣を江戸城へ派遣したが、やりとりしている間に鎮火したため、登城は不要との判断が下されたということもあった。

国入り儀礼と在着御礼使者

国元に向けて出立する当日、家族・家臣や出入りの者、見送りにやってきた親族や同席大名からの使者と順に挨拶を交わし、彼らに見送られながら直幸の行列は屋敷を出発した。東海道を西へ向かい、熱田《あつた》からは美濃路《みのじ》・中山道を通り、通常は十一日かけて彦根へ帰国した。直幸は道中では駕籠に乗っているが、彦根城下の入り口にあたる外船町《そとふなまち》の船着《ふなつき》で馬に乗り換える。この馬は御暇式の時に将軍から拝領した馬である。中堀沿いの「松の下」前で馬から下りてここからは徒歩で城内へ入った。船着から表御殿《おもてごてん》までの沿道には家臣が役職ごとに並んで出迎えており、それぞれと対面しながら表御殿に入ることになる。役職の格に応じて側役が役名を披露し、藩主から言葉をかけた。

帰国した大名の最初の仕事は、帰国御礼使者を江戸へ派遣することであった。無事に帰国したことを知らせ、将軍へ帰国の御礼を述べるための使者である。使者には、当主就任後はじめての帰国の際には家老から、それ以外の年には足軽大将から選ばれた。

図29　松の下（現在のいろは松）と佐和口門跡

明和五年には足軽大将の八木原太郎右衛門《やぎはらたろうえもん》が使者を務めた。七月二日、直幸が表御殿に入り、当主の政務室である御座之御間《ござのおんま》に着座すると、最初に旅装束の八木原がその面前に召し出された。そこで使者としての務めが指示され、持参する書面が手渡される。このとき、直幸から八木原へ「残暑の節なので無難に下るように」との言葉がかけられている。

表御殿から直接出立した八木原は、七月九日に江戸へ到着し、老中・側用人・若年寄らの屋敷十四軒を廻って直幸の彦根到着を伝えた。これにより、使者が将軍へ対面して御礼を述べる式が月次登城日の日程に組み入れられ、二十八日に登城するよう老中より指示が来た。

二十八日、八木原は帰国御礼の献上品である高宮布《たかみやぬの》などを持参して本丸御殿に入る。献上品を役人に渡し、将軍に御目見するため白書院へ向かう。この日、白書院ではまず定例の月次御礼があり、その次に役職拝命や参勤・暇の御礼を述べる大名が一人ずつ将軍の前へ出る。その流れで八木原の順番となり、白書院縁側に出ると、奏者番大岡忠喜《おおおかただよし》が「井伊

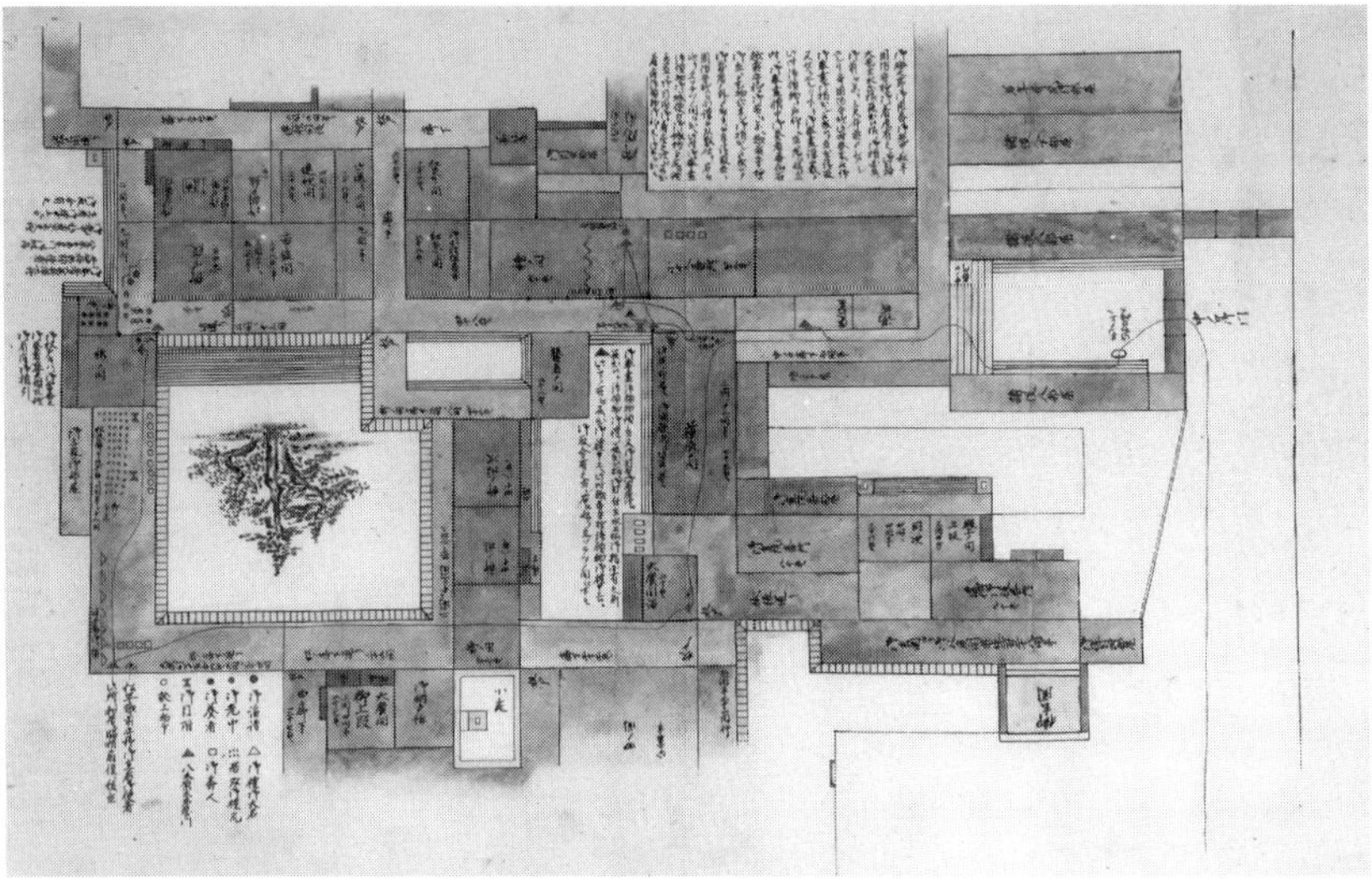

図 30 「八木原太郎右衛門江戸城御礼図」 彦根城博物館所蔵

掃部頭使者八木原太郎右衛門」と名前を披露し、老中松平輝高を通じて「在所御礼申し上げる」と将軍へ伝えた。この時持参した高宮布は、領内の高宮周辺で織られた麻布で、全国的に知られた地域の特産品である。井伊家では帰国のたびに高宮布を献上している。八木原は八月六日にも登城して、老中から直幸に宛てた老中奉書と将軍からの拝領物を受け取ると、翌七日にそれらを携えて江戸を出立し、十七日に彦根へ戻った。

大名の家臣で江戸城へ登り将軍に対面できる者はごく限られており、生涯に一度の名誉ある御用であった（「御城使寄合留帳」彦根藩井伊家文書、「八木原家由緒書」八木原太郎右衛門家文書）。

帰国中の呈書と老中奉書

大名本人が帰国により江戸を離れている間も、将軍と大名の主従関係に基づくやりとりは続く。井伊家の場合は特に、定期的に将軍の様子を把握しておくという溜詰の役割が在国中にも及んでいる。

享保元年（一七一六）八月、井伊直惟《なおのぶ》は初めて帰国するにあたり、留守中に城使役の家臣が江戸城へ出向いて次の通り将軍の御機嫌を伺うことの承認を得た（「御城使寄合留帳」）。

一、二日おき程に側衆へ将軍の御機嫌を伺う

一、将軍の外出があり江戸城へ戻った際には、側衆まで将軍の御機嫌を伺う

一、月次御礼があった日には、それが終了した際の将軍の御機嫌を伺う

一、火事・地震・雷により老中が登城し、溜詰も登城した際には、登城して将軍の御機嫌を伺う

当主本人が不在であっても、家臣が動いて将軍の外出状況や体調に変わりないかを常に把握しておき、その結果は書面で彦根にいる当主へ伝えられた。報告を受けた当主が老中に宛てて将軍の無事を悦ぶ旨など報告内容に応じた書面を提出すると、その返信となる老中奉書が届けられた。

このやりとりは、明和五年（一七六八）、直幸の帰国時にも行われている。

御札令披見候、
公方様・大納言様益
御機嫌能被成御座、
七夕御規式相済候段
被承之恐悦旨尤候、
紙面之趣各申談
及上聞候、恐々謹言
　　　松平右京大夫
（明和五年）
七月廿三日　　　輝高（花押）
（直幸）
井伊掃部頭殿

（彦根藩井伊家文書）

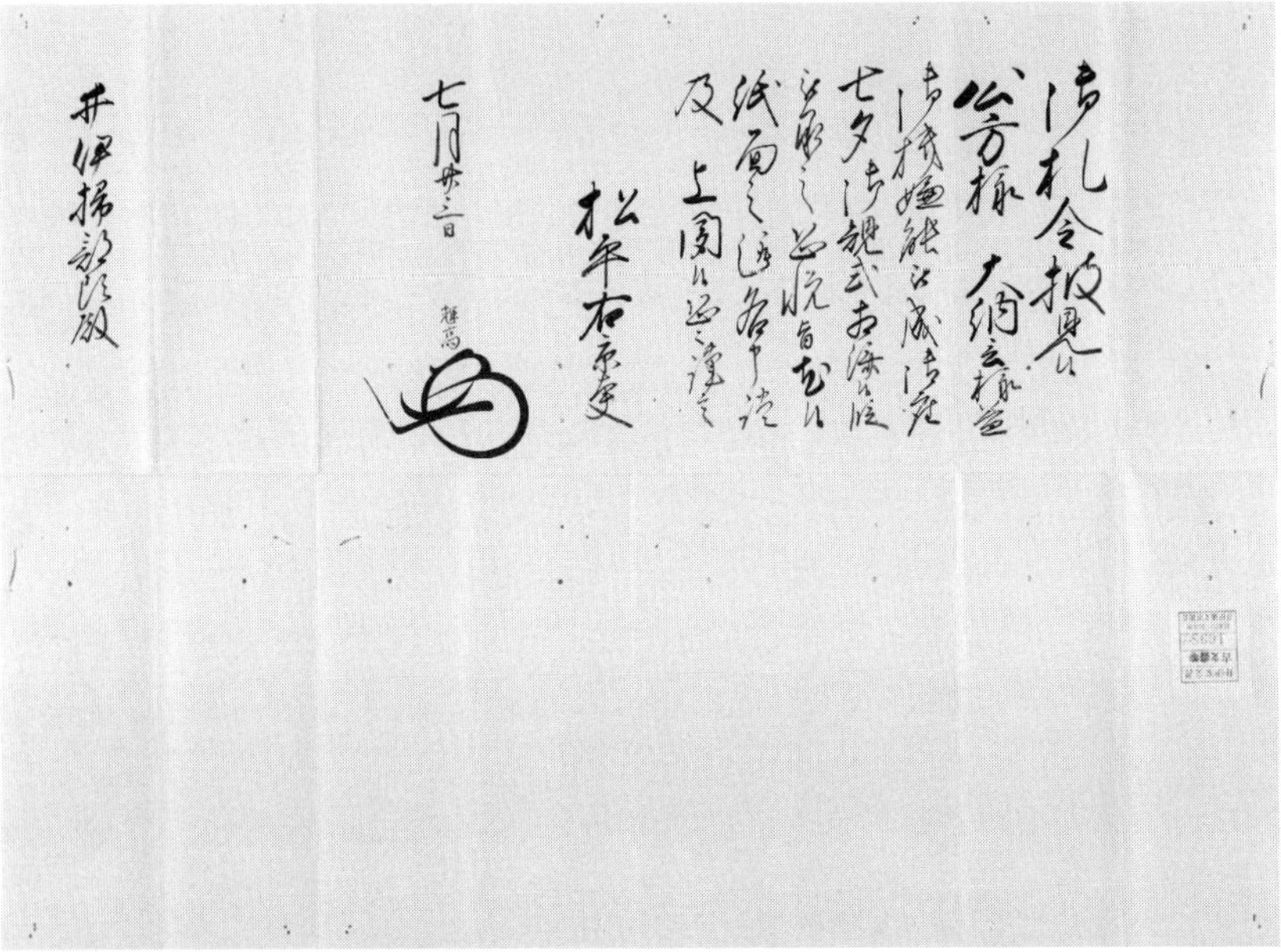

図 31　老中奉書　彦根城博物館所蔵

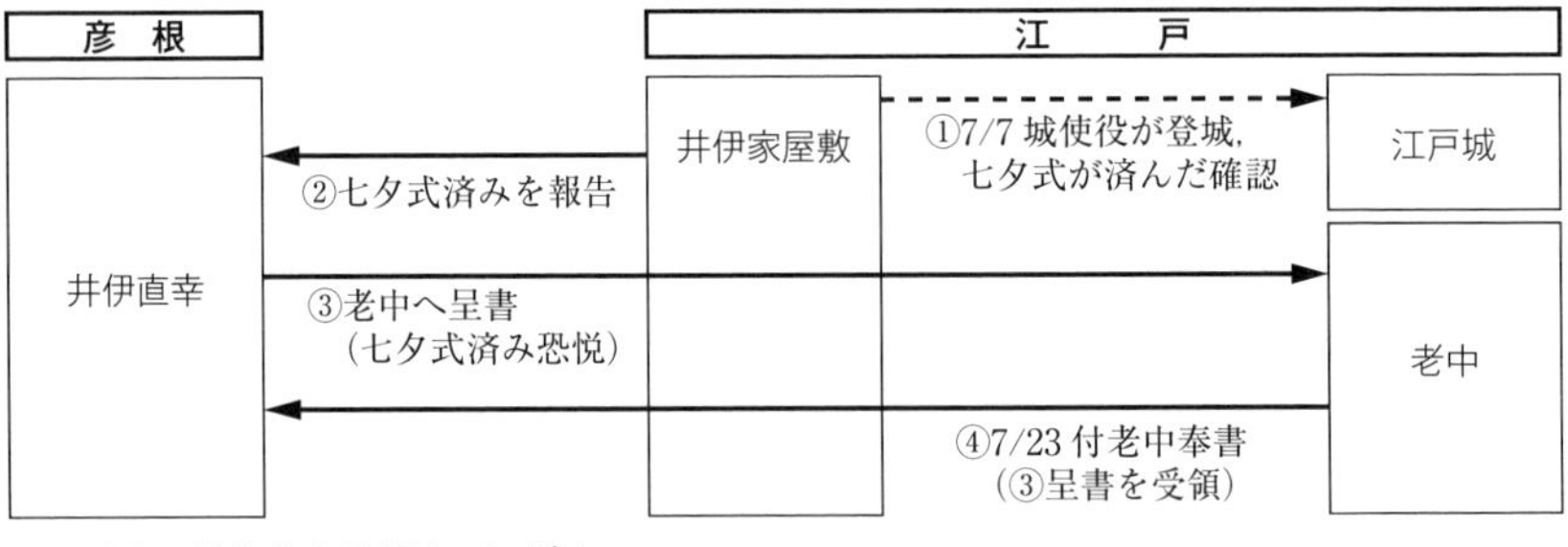

図 32　老中奉書受領までの流れ

（書札は拝見した。「公方様〈将軍家治〉・大納言様〈世継ぎ家基〉はますます御機嫌よくされており、七夕御規式が無事済んだということを承り、恐悦に思います」という内容はそのとおりである。そのことを各老中へ伝え、公方様のお耳にも入れた。）

これは井伊直幸が彦根から出した書札の受け取った返信として老中松平輝高が作成した老中奉書である（図31）。料紙を横半分に折って使う折紙《おりがみ》という形式で記されており、室町幕府以来の伝統を引き継ぐ儀礼的な書式で作成された。冒頭の「御札」とは、直幸が江戸にいる家臣から七月七日に江戸城で七夕の規式が無事に済んだという連絡を受けて、恐悦に思うという内容で老中へ提出した書面を指す。この老中奉書では、その書面を確かに受け取り、他の老中にも伝え、将軍の耳にも入れたと述べる。井伊家には、この書面のような節句のほか、年始や八朔《はっさく》といった年中行事が無事済んだ時や、将軍が寺社参詣などで外出して無事に戻ったと承った際にも同様に呈書することが認められていた。

このほか、井伊家では毎月将軍の御機嫌を伺う書面を老中へ出し、その返信となる老中奉書を受け取っていた。江戸滞在中には「間の御機嫌伺い登城」により直接老中に対面して御機嫌伺いをしており、帰国中は書面にてそれと同様の行為をしたと考えられる。

帰国中も定期的に老中と書面を交わして江戸城と将軍の様子を把握するのは井伊家に限ったことではなく、外様・譜代の大名にも共通する。ただし提出機会や回数は大名ごとに異なる。江戸での出仕や将軍との関係性がそこに反映されたようである。

明和五年七月から翌年四月に彦根を出立するまでの十ヵ月の間に直幸が受け取った老中奉書は三十七通にのぼる（世継ぎ家基付き老中からの奉書は除いた数）。その中には次の参勤時期の指示や井伊家からの献上品の礼状もあるが、大半は将軍の行事執行と御機嫌伺いに関するものであった。

大名にとって国元での一年は、支配地域の領主、また家臣にとっての主君として過ごす期間でもある。

国元での一年

その関係を再確認するさまざまな行事が執り行われた。

彦根藩では、家臣が登城して表御殿で主君に対面する恒例の惣出仕日が毎月四、五日ほど定められていた。年始、五節句、朔望《さくぼう》（一日と十五日、月によっては二十八日も加わる）、間の出仕に区分できる。五節句と朔望は江戸城でも定例の惣出仕日であった。間の出仕とは「間の御機嫌伺い登城」とも呼ばれ、彦根城では毎月八日と二十一日であった。江戸では井伊家を含む溜詰大名が将軍の御機嫌を伺うための登城をそのように称したが、そちらは日程は不定で、すべての大名が登城するものではないという違いがある。ただ、井伊家にとっては毎月定例の登城日であり、それを参照して井伊家中の惣登城日と定められたのであろう。年中行事のなかでもっとも盛大なものは年始の儀礼で、一月後半までかけて、家臣はもちろん、その息子たち、奉公人、郷士《ごうし》、彦根・長浜の町年寄、領内寺社との対面儀礼が順に行われた。

図33　清　涼　寺

儀礼の次第も、当主の執務室である御座之御間から出て黒書院や大広間で家臣と対面し、再び御座之御間へと戻るというものであり、江戸城での対面儀礼と類似している。つまり、彦根城での対面行事の日程や内容は江戸城でのものを基準として組み立てられたことがわかる。

外出する行事としては、寺社への参詣、城内や藩領の巡見がある。

彦根には井伊家の菩提寺である清涼寺《せいりょうじ》があり、歴代当主の命日には当主自ら参詣した。明和年間には、四日（七代直惟の命日）、八日（八代直定の命日）、二十八日（二代直孝の命日）は毎月、それ以外は歴代の祥月命日に参詣することになっていた。また、四代直興の墓所は本人の遺言により永源寺《えいげんじ》（滋賀県東近江市）にあり、在国中に一度参詣することになっていた。明和五年には十月二十日に参詣している（二十日は直興の月命日）。彦根城から約三〇キロメートル南方に位置するため、十九日の夜中に彦根を出立し、二十日夕方に彦根へ戻るというスケジュールで往復した（「側役日記」彦根藩井伊家文書）。

領内巡見は、最初の帰国時に行うことが多いが、十一代直中以降は巡見先を増やし、二年目以降にも別コースを巡見している。もっとも多く巡見したのは十三代直弼で、四度の帰国の間に四泊〜六泊の巡見を九回実施した。直弼は領内の端々まで巡見しようという意図をもって実施計画を立てていた。

帰国中の井伊家当主にとって欠かせない行事が鷹狩である。江戸で将軍から暇を得た時に鷹を拝領しており、その鷹を使って冬に鷹狩をして、その獲物を将軍へ献上することになっていたためである。琵琶湖岸の沼地が良質の鷹場であり、冬になると当主は鷹狩に出かけた。

六 「格別の奉公」に基づく家の継承

1 家督継承の危機と特例の承認

宝永七年の危機

直孝により跡継ぎに指名された直興は、井伊家当主を継承し、大老も務めた後、元禄十四年（一七〇一）に四十六歳で隠居して世子の直通へ家督を譲った。このとき直通は十三歳であったが、直興は以前から体調不良であったため隠居を決断したのであろう。その後、直通は井伊家当主としての務めを果たし、京都上使役や将軍家宣への代替わりに伴う日光名代といった井伊家の家格にふさわしい御用を順に務めていった。しかし、宝永七年（一七一〇）七月、二十二歳の若さで死去してしまう。そこでその弟である直恒が跡を継いで当主となったが、ほとんど出仕しないまま病気となり、同年十月に死去した。

直恒の弟には直惟（当時十一歳）、直定（当時九歳）らがおり、通常の大名家であれば元服前であっても弟を養子として当主を継がせることにするが、ここではその方法が採られなかった。隠居していた直興を再勤させたのである。それを申し渡した老中からの書面には「願い上げた養子は未だ幼いと聞く。掃部頭家は代々格別の奉公を勤めてきたので、末子のうちいずれでも成長して家を相続して奉公を勤めるようになるまでは覚翁（井伊直興）が束髪して、名を改めるように」とある（「井伊家系譜」）。井伊家が「格別の奉公」を務めてきたという点が通常と異なる家督継承を命じる理由として示されている。

元服前でも家督相続を認められ、大名となることはできるが、幼少では日常的な殿中儀礼への出席は認められていない。溜詰大名では会津松平家の松平容貞《かたさだ》の例がある。容貞は享保十六年（一七三一）、先代当主の死去により八歳で家督相続したが、将軍への初御目見を済ませて溜詰としての出仕を認められたのはその四年後のことであった。幼少の者は将軍の家臣として奉公できないということである。直恒の没後すぐに直惟へと家督相続させなかったのは、幼少の当主では井伊家固有の「格別の奉公」が務められないという理由が考えられる。

直興の再勤は、形式上は幕府からの命令となっているが、実際には井伊家が幕府へ願い出て承認されたものと思われる。幕府にとっては、井伊家に不都合があれば同格の会津松平家などほかの大名へ命じればよく、まったく問題はない。井伊家側が代々の御用を手放すわけにはいかないと判断して「格別の奉公」を主張し、直興へ再勤を命じるよう老中らへ強く働きかけたのであろう。

当時の政治日程をみると、それを認めやすい状況にあった。前年の宝永六年、将軍は家宣《いえのぶ》へと代替わりしており、新将軍就任を祝う朝鮮通信使の派遣準備が進められていた。これまでの通信使では、使節の登城儀礼で井伊家当主が将軍の上意伝達や着座する役割を担っていたが、幼少の当主となればこの役割を手放すことになってしまう。翌正徳元年（一七一一）の通信使では、上意伝達は老中土屋政直が務めたが、再勤した直興は井伊家代々の例の通り将軍の座所にもっとも近い位置に着座しており、先規のとおり勤めたと評されている。そのほか、宝永六年には家宣に嫡子家継が誕生しており、数年後には将軍跡継ぎの元服儀礼が予定されている。これらの行事で井伊家が先例通りの御用を果たすためには当主が成人している必要があり、隠居している直興が再勤してこれを務めるという特例が認められたと考えられる。

彦根新田藩の創設

直興は病気がちではあったが、朝鮮通信使の御用、家継の元服加冠役といった「格別の奉公」を無事に務め、正徳四年（一七一四）に再度隠居して直惟に家督を譲った。直惟はすでに正徳元年に十二歳で将軍に初御目見して侍従の官位を得て、溜詰としての出仕を開始しており、幼少の当主による出仕の断絶という事態に陥らずに井伊家独自の役割を次世代へ継承することができた。

直興は再隠居すると同時に、末子の直定を新たに大名にすることに成功している。直定へ彦根藩領から知行一万石を分け与えることが幕府より認められ、直定は分家をたてて彦根新田《しんでん》藩主となった。一万石は具体的な領地が確保されたわけではなく、彦根藩領の年貢の中から新田藩一万石分を直定に支給するというものであった。

大名家の分家の立て方にはいくつかの方法があり、本家の領知の一部を分与されて将軍から承認されるが領知朱印状は交付されないやり方は「内分分家」と呼ばれる。内分分家は江戸時代初期から主に国持大名で行われており、譜代大名では宝永六年に柳沢吉保が嫡子吉里に家督を譲る際、庶子二人に一万石ずつ分知した例がある（松平秀治、一九七三）。井伊家も同様の方式により直定を大名としたということである。

新田藩を立て、直定を大名にした意図は、直興自身が新田分知にあたって息子たちに書き置いた「新田分知証文」（彦根藩井伊家文書）の中に記されている。そこには「井伊家が将軍家から受けた厚恩は他家に例がないものなので、末子まで奉公させたいと考えた。禄米が与えられていれば門番や火消など何らかの役職に任じられることができる」とあり、直定を独立した大名として幕府へ奉公させたいと考えて新田藩を立てたことがわかる。

宝永七年（一七一〇）の危機には、隠居していた直興を再勤させることで井伊家が奉公できなくなる事態を回避できた。直定を大名としたのは次に同様の事態が起こった場合に備えての策といえる。大名として出仕しておくことで、本家当主に万一のことが起こっても、準備期間を設けずにすぐに出仕して「格別の奉公」も務められるという発想である。

直定は直興の思惑通りに一万石の大名として出仕を続け、奏者番など譜代大名が務める役職にも就いた。ところが、享保十九年（一七三四）に直惟が三十五歳の若さで重病となり、後継者を考えなければならない事態が生じる。

ことなった。

直惟の実子はまだ幼いため、直定が本藩の世継ぎとなったことに伴い、彦根新田藩は二十年間でその役割を終える

直定の再勤

直定は宝暦四年（一七五四）六月に隠居して、兄直惟の息子である直禔《なおよし》に家督を譲った。自身にも息子がいたが、直惟死去の翌年には十一歳の直禔を世子とするよう幕府へ届けていた。直禔は十五歳になると侍従の官位を得て幕府への出仕を開始し、溜詰も命じられて井伊家の次期当主としての道を順調に歩み始める。跡継ぎとしての経験を積んできた直禔は二十八歳で直定から家督を譲られて九代当主に就いた。

ところが、そのわずか二ヵ月後の八月二十九日、直禔は死去してしまった。家督相続したばかりの直禔は跡継ぎを幕府に届けておらず、その状態で大名が死去すると家の継承が認められない規定があるため、それを回避するために重篤となった段階で急ぎ跡継ぎ届け出の手続きにとりかかった。その経過を「御城使寄合留帳」によりみていく。

直禔は八月上旬には登城しており体調に問題はみられなかったが、中旬ごろより急激に悪化し、二十三日には重篤な状況であるということが幕府や親族大名へ知らされた。

直禔の跡継ぎ候補としては、その弟の直幸が彦根に暮らしていた。二十三日に井伊家家臣が老中堀田正亮《まさすけ》宅へ赴いて相談し、翌二十四日に直幸の丈夫届《じょうぶとどけ》を提出した。丈夫届とは、大名の子弟は本来出生時に届け出るべきではあるが出生時には虚弱であったとして届け出ず、成長後に丈夫に全快したとしてその存在を届け出たものである。しかし、直幸をすぐに直禔の養子とすることはできなかった。幕府の定めで当主が重病になってから丈夫届を出してもすぐに養子願いは受け入れられなかったからである。老中堀田に相談したがその「御定法」に従うようにとの指示があったため、親族の大名子弟を急養子《きゅうようし》とする願いを提出することにした。そのとき急養子に選ばれたのは宇和島藩主伊達村候《むらとき》の弟伊織《いおり》である。宇和島伊達家は初代秀宗の正室が井伊直政の娘という関係をもつ親類大名であっ

た。当時伊織は二十四歳であり、年齢からみてもふさわしいと見なされた。養子候補として優先度が高いのは同族であるため、越後与板藩主井伊兵部少輔家（井伊直継の家系）の子弟も検討されたが、当主井伊直存《なおあり》の男子は最年長の恒次郎でも十五歳であった。井伊家では「養子にいたし早速御用相務め候年頃の者望みに御座候」と、将軍家への御用を務められる成人に達した者を当主に迎えたいと考えて兵部少輔家の男子は候補から除外している。

二十六日に急養子願書を幕府へ提出したところ、二十八日に親類大名の阿部正允《まさちか》（養母・正室とも井伊家の娘）・間部《まなべ》詮方《あきみち》（先代の正室が正允の養姉）が江戸城に呼び出され、願い出た他家からの急養子ではなく、直定が再勤して家を相続するように、という将軍の上意が老中より伝えられた。おそらく二十七日に幕府内で協議され、直興が再勤した先例に基づいて直定の再勤が決定したと考えられる。

井伊家側から規定に沿わない措置を願い出ても、それを幕府が承認することはできないが、「将軍の上意」であれば特例が認められたということである。老中堀田へ相談した際の回答に、「御相談等仰せ遣わされ候わば随分御取持なさるべきよし（井伊家より御相談いただければできる限りの取りなしはする）」とあり、堀田は実質的に井伊家の願いに沿うよう取り計らったと考えられる。

このやりとりの中で興味深い発言がある。井伊家が養子を選定する条件として「御用を務められる成人に達した者」というものがあった。前回、直興が再勤したのは十一歳の直惟では当主の役目が果たせないと井伊家が主張したためと考えたが、今回も同様の考え方に基づいて養子を選定している。将軍家への御用という家固有の役割を継続することが重視されていたことがここからも読み取れる。

結局、直定の再勤が認められた翌日の八月二十九日に直禔は死去し、直定が再度当主に就いた。この日程には作為が感じられる。徳川将軍なども実際の死去から日を置いて公式に死去が発表されることがあり、継承者を決定してようやく直禔の死を公表できたのかもしれない。

直幸は十一月に江戸へ到着するとすぐに直定の養子とする手続きを済ませ、正式に井伊家世子となる。溜詰としての出仕も半年を過ぎた翌年七月、直幸は直定から家督を譲られて当主を継承した。幕閣との内々の交渉が功を奏して、今回も家督継承の危機を乗り越えることができたということである。

2　親族政策の転換

直孝の親族観

十代当主となった直幸は、多くの子どもをもうけ、親族を増やすことに積極的であった。それ以前は大名家との縁組は特定の家に限っており、親族を広げようという意識は薄かったと思われるため、直幸の段階で親族に対する方針を転換したということができる。

親族拡大に消極的な路線は直孝の意向によるものであった。初代直政の二人の娘は徳川家康と伊達政宗の息子に嫁していたが、直孝が当主の間は徳川一門や有力外様大名との縁組みは一切していない。世子直滋の正室は井伊直継（直孝の兄）の娘、三男直時には公家四辻《よつつじ》大納言の娘を楽人《がくじん》辻肥後守の養女として迎えた。また、娘の亀姫については、将軍家へ出すようにという話があったが病身として断ったため、どこにも嫁ぐことができなかったという（「井伊御系図聞書」）。彼女は後水尾天皇へ嫁いだ将軍秀忠の娘和子と同世代であり、徳川筆頭家臣の娘として政略的な縁組みの話が出るのは自然なことであろう。しかし、直孝はこれを断ったということである。

その後も井伊家が縁組みした相手は、以前からの親族である阿波蜂須賀家（直孝正室の実家）のほか、公家三条家、老中を輩出する譜代大名家に限られ、これらの家との縁組みを繰り返している。直孝以来、親族を拡大しない策が受け継がれていたことになる。

直孝は、大名と私的な付き合い全般を控えようとしていたようである。大名は将軍のほかに年寄へも時候の挨拶を兼ねて地元の特産品を贈るのが常であったが、年寄となった直孝は受け取らなかったという（「御覚書」）。実際、熊本の大名細川忠利は領地の特産品であるみかんを将軍家光や老中へ贈ろうとした際、直孝については懇意の旗本に相談した上で贈ったが送り返されてきたという（『細川家史料』一三巻一一九八・一二一二号）。通常なら直孝が贈答品を受け取らないことは承知しているが、細川氏はこのころ幕府からの預かり人の処遇について直孝へ相談しており、特段の配慮を受けた礼の意味も込めて贈ろうとして旗本に相談したようである。それでも受け取らないほど直孝の方針は徹底していた。

このような事例をみる限り、直孝が親族関係や贈答により特定の大名とつながりを持つことを嫌ったのはまちがいないだろう。その理由は示されていないが、つながりのある者を優遇して年寄として客観的な判断ができなくなる、あるいはそのように周囲から認識されるのを避けるためではないだろうか。

直幸による積極的な親族策

直幸はそれ以前の歴代当主とは異なり多くの子どもをもうけている。早世した者も含めると四十三人もの子どもがおり、このほか親族の娘四人を養女とした。息子のうち三人が大名家へ養子に入って大名となり、娘（養女を含む）十三人が大名や公家へ嫁いでいる。直幸は子女の縁組みを通じて積極的に親族を増やす策に転じたということができる。その相手には、越前松平一門の津山松平家や、柳川立花家・佐賀鍋島家といった九州の有力外様大名、松代真田家などこれまでの親族とは系統の異なる家が多くあり、親族ネットワークを大きく広げることとなった。

直幸が親族を拡大させようと考えたのは、その家格上昇志向の一環と考えられる。直幸は若いころから同じ溜詰の松平容頌（会津松平家）との間で官位昇進を競っていた。その発端は、宝暦十年（一七六〇）、直幸が官位を追い越されて両者の序列が逆転したことにある。大名となったのは容頌が先であるが幼少のため出仕にはいたらず、直幸の方が先に溜詰となって出仕を開始しており、官位に基づく同席内の序列も直幸が上座であった。ところが、宝暦九年、将軍家重が右大臣に、世子家治が右大将に任官されることになり、その御礼として両名が朝廷への使者を命じられたが、直幸は養父直定が死の床についたためこれを辞退した結果、容頌だけが京都上使を務めて先に少将へと昇進し、容頌が直幸より上座に列することになる。このことは直幸にとって屈辱であり、次に官位昇進できる機会を狙って座順を戻すことができるよう、老中らへ激しい運動を行った。その結果、宝暦十三年に将軍嫡子の家基が宮参りした後に井伊家屋敷に御成する御用を果したとして直幸は従四位上へと位階の昇進が認められ、松平容頌より上位の序列に戻ることができた。そうすると、次には会津が官位昇進可能な御用を拝命できるようにと運動し、その後も両者の序列競争は続いた。最終的に両者が先例により昇進可能な極位極官に到達したことで、本人の官位昇進競争は終わることになる。しかし、官位以外にも家格をあらわす指標はいくつもあり、それらを上昇させようとする働きかけが続けられた。

その一つに親族の格がある。会津松平家は、初代保科正之が将軍秀忠の実子であり、徳川一門に位置づけられる。縁組みを重ねている親族には加賀前田家もいる。直幸が積極的な縁組みにより親族を拡大させた背景には、このような会津への対抗意識があったと推測できる。

なかでも、直幸がもっとも力を注いだと思われるのは、嫡子直豊《なおとよ》の正室として井伊家へ迎える女性の格である。直豊の正室には仙台藩主伊達重村《しげむら》の娘満姫を迎えた。分家の宇和島伊達家とは初代以来の親族関係にあったが、その本家である仙台伊達家とは今回が初めての縁組みとなる。仙台伊達家には将軍吉宗の養女利根《とね》姫が嫁しており、満姫にとって養祖母にあたる。そのため満姫は将軍家の親族に連なり、毎年年末になると将軍から上使が派遣されて歳暮の拝領品が届けられており、大奥へも日常的に挨拶の使者を遣わす間柄であった。直幸が新たに大奥と井伊家奥向きの関係を築こうとしていたことが宝暦十三年の若君御成の準備から判明しており（第四章参照）、仙台伊達家から正室を迎えたのも同様の意図があったと思われる。

部屋住みの息子たち

直幸の時代に方針転換されたものがもう一つある。それは跡継ぎの「予備」ともいうべき庶子《しょし》（部屋住みの息子）を置き彦根で暮らさせたことである。直幸自身がその過渡期の存在であった。

直幸は三歳で近江国下司《げし》（長浜市）総持寺《そうじじ》の弟子となって出家したが、寛保三年（一七四三）、十三歳で還俗《げんぞく》して彦根城下の尾末《おすえ》町屋敷で約十年間を庶子として暮らした。前年に当主直定の長男直賢が死去しており、世子の直禔以外に男子がいなくなったため戻されたと思われる。このような庶子の処遇はそれ以前とは異なる。

これまで、井伊家の庶子のあり方は、井伊直孝の遺制に基づき、他大名家や重臣家への養子とならない者はわずかな宛行扶持《あてがいぶち》を給されて生活する習わしであり、直弼はそれにしたがって藩から三百俵の宛行扶持を得て埋木舎《うもれぎのや》で暮らした、といわれてきた（吉田常吉、一九六三）。しかし直孝時代の庶子の実態はこれとは異なる。直孝の三人の庶子（直寛・直時・直澄）は元服後、将軍への初御目見を果たして従五位下の官位を授かり、大名に混じって江戸城の儀礼に参加した。彼らと同じ列には鍋島家・山内家といった国持大名の庶子もおり、これは井伊家に限定した特別な措置ではない（野口朋隆、二〇一一）。また、直孝はその遺訓で直澄の男子は家臣とするように命じているが、これはすでに直興を世継ぎに指名していたためで跡継ぎ争いが生じないための配慮といえる。それ以降も、直恒・直定（いずれも直興男子）、直賢（直定男子）は庶子時代に将軍へ御目見して五位の官位を授かっており、直孝の庶子と同様の処遇を受けていた。

それに対して、庶子時代の直幸は兄直禔に次ぐ家督継承順位にあっても官位を授かることはなく、彦根で暮らしたという点でそれ以前と異なる扱いであった。

当主となった直幸は、多くの息子のうち他家の養子とならず井伊家にとどまった庶子を彦根城下の「御屋敷」に住まわせる策をとった。庶子とは跡継ぎの予備として生きることであり、井伊家の跡継ぎに万一のことが生じた場合または他大名家へ養子に迎えられて井伊家を出る場合のみ、その存在が生かされることになる。直幸男子のうち三人は成人後も庶子として暮らし、そのまま生涯を終えている。彼らは日常的に表御殿での当主と家臣の対面儀礼に参加し、江戸や彦根の各屋敷に住む親族との間で時候の挨拶や祝儀の品を交わすといった務めを果たした。

最後に残った庶子が直弼である。直弼は父直中の隠居時代に生まれた息子であり、幼少期は直中の隠居御殿である欅御殿《けやきごてん》で育ったが、父の死去に伴う御屋敷再編により直弼と弟の直恭《なおやす》は尾末町北の屋敷に移り住んだ。まもなく直恭が親族の延岡藩内藤家の養子と決まって井伊家を去り、その後、隣接する南の屋敷に住んでいた叔父の直容《なおなり》が死去すると、直弼一人が庶子として彦根で暮らした。

当時、当主直亮には男子がおらず、その養子となっていた直元（直亮の弟）にも跡継ぎはいなかったため、直弼が家督を継ぐ可能性は残されていた。ただしそれは彼らに男子が誕生しない場合に限られる。そのような境遇にあった直弼は、叔父たちのように御屋敷での暮らしのまま生涯を終える人生

表10　井伊家の庶子

名	通称	父	庶子終了年(年齢)	終了後
直中	庭五郎	直幸	天明7年(22歳)	井伊家世子
直在	又介	直幸	天明7年(19歳)	大通寺養子
直明	武之介	直幸	享和3年(26歳)	死去
直容	勇吉	直幸	天保10年(57歳)	死去
直致	東之介	直幸	天保2年(44歳)	死去
直弼	鉄三郎	直中	弘化3年(32歳)	井伊家世子
直恭	詮之介	直中	天保5年(15歳)	延岡内藤家養子

幼少期に庶子を終えた者は除いた.

図34　埋木舎　直弼は17歳から32歳まで，彦根城中堀沿いに建つ尾末町北の屋敷で暮らした.

を「埋《う》もれ木《ぎ》」にたとえた。世の中で活躍もせず埋もれている存在という意味で、平安・鎌倉時代の和歌に詠まれている。ただし直弼はそこに積極的な存在意義を見出す。埋もれていながらも世の中の雑事から離れて自分自身の道を極めようと決意するのであった。自身の屋敷を「埋木舎」と名付け、禅をはじめ和歌・国学、居合・兵学、茶の湯といった精神性を重視する文武諸芸を追究した。

将軍家御用と嫡子の廃立

井伊家独自の御用は跡継ぎの決定にも影響を及ぼしている。その御用とは、将軍家若君が宮参りの帰途に井伊家屋敷へ御成する行事である。直孝の時代に世子直滋が直孝とともに応接して若君と献上・下賜の品を交わした先例にもとづき、それ以後も若君御成が決定すると毎度、井伊家では跡継ぎを確定させて幕府へ届け出た。嫡子を決定することにより、御成の際に嫡子から若君へ献上するという井伊家のみに許されてきた特権を継承しようとしたのである。

寛政四年（一七九二）に将軍家斉の長男が誕生し、宮参りと井伊家への御成が決定すると、井伊家では早速嫡子を確定させて幕府へ届ける動きが起こる。当時、当主直中は二十七歳で、前年には女中に男子（のちの直清）が生まれていたが、正室が女子を産んだばかりで、近い将来、正室に男子が生まれる可能性は十分にあった。そのため、将来に問題を残すことは理解しながらも、若君御成に際して嫡子を置くことを優先して、寛政五年に直清《なおきよ》を嫡子とする届が提出された。結局、家斉長男は夭折したが、二男家慶が若君となり寛政六年に宮参りが実施されると、直清本人は彦根にいたがその名義で若君へ献上品が差し出されている。

実は寛政六年の若君御成の直前、正室に男子（のちの直亮）が誕生していた。しかし、幕府にはすでに直清を嫡子と届け出ていたため、井伊家ではそのまま直清を嫡子として処遇せざるを得なかった。直清は享和三年（一八〇三）には松平定信《さだのぶ》（元老中、当時は溜詰）の娘と婚約しており、引き続き嫡子とする意向がうかがえる。しかしその二年後、直清は「虚弱」という理由で退身し、それに代わって直亮が嫡子となった。実質的には正室を母とする息子へ跡継ぎを交代させたということである。以後、直清は彦根城下の松原屋敷で暮らし、三十五歳でこの世を去った。若君御成での先例がなければその時点で嫡子に擁立されることなく、他家の養子にでもなって別の人生を送ったことであろう。

江戸時代は、嫡男が家督相続するというシステムのもと、生まれた家や生まれ順、性別が人生の方向性を左右する社会であった。大名家の子どもにはそれが顕著に現れている。大名としての華やかな暮らしから国元の質素な屋敷で生涯を終えることを求められる生き方まで、その後の人生が家の都合や当主の一存により決定された。「家」継承システムは安定した社会をもたらした一方で、直清のように本人の意思によらず埋もれた人生を送る者を生み出したのであった。

七　幕末の動向と井伊家の御用

1　直弼の大老政治

江戸幕府の大老では井伊直弼がもっとも有名である。一般には、天皇の勅許を得ずに開国を断行した専制的な政治の末、反対派を弾圧して暗殺された人物と認識されている。しかしこのような評価は直弼と対立した勢力が政権を掌握したため、勝者の歴史観に基づいて描かれたものということができる。近年は直弼本人やその側近が書き残した書状・記録類に基づいてその行動の実態が明らかにされてきており、直弼の事績と人物像が見直されつつある（彦根城博物館編、二〇一四）。

直弼は江戸時代が終わりを迎える幕末政治史の主要人物として論じられてきたが、その大老としての活動は、本書でこれまでみてきた井伊家歴代が継承してきた役割の上に成り立っている。江戸時代後期になると先例と格式を重んじる風潮が一層強まっており、そのような社会状況をふまえて大老直弼の行動とそれがもつ意味をとらえていきたい。

まずは大老就任が求められた状況からみていこう。

大老就任の背景

直弼が大老に任命されたのは安政五年（一八五八）四月二十三日のことである。当時、将軍家定《いえさだ》には決断するべき二つの課題があり、それを解決することが直弼に求められた。

課題の一つは将軍跡継ぎ問題である。家定には跡継ぎの男子がなく病弱なため、早く後継者を決めておくべきという意見が出された。それを主張したのは水戸徳川斉昭《なりあき》や薩摩島津斉彬《なりあきら》らで、彼らは英明だという理由で斉昭の実子である一橋慶喜《ひとつばしよしのぶ》を推挙した。しかし、従来よりの選定方法や将軍本人との血縁、年齢を考慮すれば紀伊徳川慶福《よしとみ》が跡継ぎとして順当であり、先例を重視する幕閣や譜代大名らは跡継ぎとするならば慶福とすべきと考えた。直弼もその一人である。慶喜を推すのは親藩や外様大名など幕政を担っていない者であり、直弼の眼には、彼ら（一橋派）は慶喜を将軍とすることで自らの幕政への発言力を強めようと企図していると映った。幕政は将軍の家臣である譜代大名・旗本が担うべきものであり、親藩や外様大名は幕政にかかわらないのが開幕以来の基本原則であった。慶喜の擁立はこの原則を根本からくつがえすことになるため、幕政の重要事に発言する役割をもつ立場から、直弼は一橋派の主張は断固として認められないと考えたのである。

もう一つの課題が条約調印問題である。安政四年十月にアメリカ駐日総領事のハリスが江戸城にやってきて将軍・老中に対面すると、通商条約締結に向けての協議が進展する。幕府は開国へと対外政策を転換する方針を固め、何度も諸大名を集めて説明し、また意見を求めた。このようにして大名の合意をほぼとりつけると、次に天皇より勅許を得るために老中堀田正睦《まさよし》が上洛した。天皇の許しを得ることで国内全体の意思一致をめざしたのである。ところが、安政五年三月、孝明天皇は勅許を保留し「さらに御三家以下諸大名と衆議して、再度言上するように」と勅命を下したのである。

図35　井伊直弼　彦根 清涼寺所蔵　画像提供：彦根 清涼寺／DNPartcom

江戸時代初期より朝廷は幕府からの要求に従ってきており、今回のような事態はそれまでの幕府と朝廷の関係ではあり得なかった。ところが、ペリー来航により開国問題に直面した幕府が大名ら諸勢力から意見を求めたことを機に、それまで政治的発言が認められなかった一橋派や朝廷などが主体的に政治について考えるようになり、彼らは幕府と異なる意見を発信する政治勢力へと成長したのであった。

突然の大老就任

直弼の大老就任は、直接的には堀田正睦の「失策」への対応策であった。大老就任の経緯を「公用方秘録《こうようかたひろく》」よりみていきたい。「公用方秘録」は、大老の秘書官ともいうべき公用人の宇津木《うつぎ》景福《かげよし》が直弼没後に編纂した大老政治の記録である。

勅許獲得に失敗して江戸に戻った堀田は四月二十一日、将軍家定に対面して京都での不首尾を報告した。堀田はその場で一橋派の中核人物である福井藩主松平慶永《よしなが》を大老に据えて難局を乗り切ろうという策を提示するが、家定は「家柄と申し、人物と言い、掃部(井伊直弼)を指し置き越前(松平慶永)へ申し付ける訳はない」と述べ、堀田の提案を退けた。これにより直弼の大老就任が決定したという。

福井松平家は二代将軍秀忠の兄である結城《ゆうき》秀康《ひでやす》を祖とする家である。将軍家の一門ではあるが将軍の兄の家であるため敬して遠ざけられ、外様大名と同様に処遇されることもあった。つまり幕政にたずさわる家柄ではない。家定は、幕政を担うのは将軍家臣という基本原則に基づき、大老を任命するなら井伊家しかないと判断したということである。

翌二十二日正午過ぎ、幕府徒頭《かちがしら》の薬師寺《やくしじ》元真《もとざね》が井伊家屋敷を訪問してきた。直弼との「御人払い《おひとばらい》」での密談は数時間に及び、七つ時(午後四時ごろ)に対談を終えた薬師寺は「本意を達した」と喜んで帰っていった。するとまもなく、老中から直弼に宛てて、明日登城するようにとの達書が届く。それに従い登城した直弼は、御座之間に召し出されて家定から大老職を命じられたのであった。

このとき直弼は、一旦は大老を辞退すると発言している。将軍からの任命を受けた後、老中の御用部屋に入った直弼は、老中堀田正睦へ「私は不肖であり、大任を仰せ付けられたのはありがたいが、時節柄恐れ入るので御免蒙りたい。よろしく御取り成し願いたい」と述べる。堀田らは説得するが聞き入れないので将軍へその旨を言上したところ、家定より「思し召しにより仰せ付けられたので、辞退せず務めるように」と懇ろの言葉が下される。これを聞いた直弼は、これ以上辞退すると将軍に申し訳ないとして就任を受け入れ、老中より上座に移り大老の席に着くと、すぐに政務の議論を始めた。

役職就任を一度は断るのは謙遜表現として公家社会では一般的に行われており、直孝の家督相続、直澄の大年寄拝命時にもみられた。直弼も慣例に従って一度は断り、老中一同から大老を待望しているという発言を引き出したということであろう。

直弼の大老就任が突然のことであったのは、家臣たちの対応からもうかがえる。二十二日夕方に老中から届いた登城召しの達書は井伊家家臣にとっては突然のことでその目的がわからなかった。登城時の服装や先例の確認といった準備の都合上、家臣も登城目的を承知しておく必要があるため、城使役の家臣が江戸城へ情報収集に向かったところ、直弼が大老に任命されるとの情報を入手した。さらに、今日まで少しもその気配はなく、急に決まったという情報も得ている。

就任直後の方針策定

直弼は大老に就任すると、将軍跡継ぎ問題と条約調印問題の解決に向けて速やかに方針を定めている。

就任当日に早速老中と会談すると、二十五日には諸大名を登城させて孝明天皇の勅命を示し、彼らより条約調印についての意見提出を求めた。二十六日に将軍家定と会談すると、家定は五月一日に大老・老中に対して跡継ぎを紀州の徳川慶福にすると宣言した。直弼が腹心の長野義言《よしとき》に宛てた五月二日の書状（彦根藩井伊家文書）には、現在大名から意見を出させている最中であり、それらが集まりおおよそ大名の意見が集約できたところで再度朝廷へ使者を派遣するという今後の予定や、ハリスへは調印まで三ヵ月の猶予を了解させたという内容が記されており、大老就任後わずか十日ほどの間に方針を決定してこの先数ヵ月の政治日程を組み、早くも動き出していることがわかる。

このように大老就任後すぐに方針の決定ができたのは、直弼が就任前から幕政の課題を認識していたためであった。大老就任の時点ですでに、老中が舌を巻くほど問題点を熟知していたという。直弼は、井伊家をはじめとする溜詰大名には幕政の重要案件に意見を述べる役割があることを承知し、その役割を忠実に果たすために常に幕政の動向を把握していた。それが大老就任により発揮されたということである。

五月当初の計画は順調に実行され、六月一日には将軍に跡継ぎを立てることを公表して朝廷へも承諾を求める書面を送った。返事が戻り次第、その人名を公表する予定であった。条約調印については、天皇へ説明する使者として小浜藩主酒井忠義《ただあき》を派遣することを決定し、六月十八日に出立する予定が組まれていた。

ところがこのスケジュールを一気に吹き飛ばす事態が生じた。

条約調印をめぐる攻防

六月十三日にアメリカの蒸気船が下田にやってきて、ハリスを乗せると江戸湾へ向かい、江戸内海の小柴沖に停泊した。ハリスは、清国《しん》（中国）でのアロー戦争が終了したため、そこで戦っていたイギリス・フランスの軍艦がまもなく日本に向けてやってくると伝え、一刻も早く調印するよう要求してきた。

六月十八日、海防掛の井上清直《いのうえきよなお》・岩瀬忠震《いわせただなり》がハリスとの対面を終えて江戸城に戻ると、早速幕閣会議が開催された。その協議の内実は「公用方秘録」に詳述されるほか、直弼腹心の長野義言も書き残している（『維新史料』七巻二三号）。

会議の出席者は大老・老中・若年寄と海防掛らであった。そこで直弼が主張したのは、朝廷への使者が済まないうちには決して調印してはならない、というものであったが、これに賛同したのは若年寄本多忠徳《ただのり》ただ一人で、それ以外の者は朝廷のことは大切ではあるが、それは国内のことであり、これほどの一大事なので説明すれば納得してもらえる。それよりも戦争となっては取り返しがつかないので猶予はならない、と即時の調印を主張した。双方が主張を述べて激論を交わす中で、反対派の中には直弼一人が国家の大事を引き起こしたように悪く言う者もおり、双方辞職を決心するほど議論がヒートアップしたが、将軍や国家を見捨てるつもりかという発言でそれが収まり、この後早々に大名を集めて意見をまとめ、天皇へ説明するので、その間条約調印は引き延ばすという方針が決定し、会議は終了した。

この決定を受け、直弼は緊急の諸大名惣登城を実施させようと老中に働きかける。直弼は二十日に惣登城させようとするが、この日は八代将軍吉宗の命日のため将軍は上野寛永寺に参詣する予定となっており、二十一日も予定が入っているとして、老中の反対によって結局惣登城は二十二日と決定した。

直弼は大老就任当初に決定した手順どおりに進めることを重視しており、大名の意見集約と勅許を飛ばしてはいけないと考えていた。そのため、十九日の登城前に直弼は宇和島藩主伊達宗城《だてむねなり》を自邸に招いて対談し、前日の幕閣会議を受けて二十日に惣登城を行う予定なので、直弼に賛同して勅許優先を主張してほしいと依頼している（『昨夢記事』）。このときの直弼にとって即刻の調印を主張する幕閣が対立勢力であり、味方を増やそうとして親しい外様大名へ働きかけていたのであった。

政争の具とされた条約調印問題

ところが、調印日程の引き延ばし交渉に派遣した井上・岩瀬がそのまま調印してしまったのである。「公用方秘録」には、十九日に井上・岩瀬が出立する前に直弼はできる限り引き延ばすようにと命じたが、井上が「仰せの趣は承りましたが、是非に及ばない節には調印してもよろしいか」と尋ねたため、直弼は「その節は致し方ないが、なるたけ働きかけるように」と答えたと記す。ただし、その続きには、屋敷に戻った直弼がこの旨を公用人の宇津木に話したところ、勅許前に調印した場合には朝廷の逆鱗に触れ重大な事態を招くことになると指摘し、直弼は辞職の決意をするが、宇津木はそれでは「陰謀の輩」の術中に陥ることになると反対し、朝廷へうまく言い訳するのがよいと述べたとある。しかし、このやりとりは越前藩士中根《なかね》雪江《せっこう》の手記『昨夢《さくむ》記事《きじ》』や書状類など同時代史料からわかる調印直前の状況とは異なる。この段階では勅許前の調印も致し方ないという意見が大勢を占めていた。また、十九日時点の直弼の関心事は惣登城日の決定にあった。「公用方秘録」は直弼没後に編纂された後世の記録であり、この状況の信憑性について検討が必要であろう。

出発前の井上らに直弼がどのように声をかけたか、ほかの史料から裏付けることはできないが、彼らが引き延ばし交渉をまったくせずに即日調印したのは直弼にとって予想外であった。調印を知った直弼は、伊達宗城への書状で「案外早々の調印であきれた」と述べている（『維新史料』七巻四二号）。

さて、幕閣会議では勅許を待たずすぐに調印すべきという主張が多数を占めたのにもかかわらず、実際に調印するとそれが批判され、直弼がその矢面に立たされたのはどういうことであろう。そこには将軍跡継ぎ問題が大きくかかわっていた。

将軍跡継ぎ問題では、六月初旬に京都へ送った書面の回答が戻り次第、跡継ぎとする人物名を公表する日程が組まれていた。ところが予定の六月中旬になっても返事が届かなかった。実は、一橋派であった老中堀田正睦が条約問題の成り行きを心配して、朝廷から戻ってきた文書を直弼へ渡さず隠していたのであった。このことは堀田が二十一日に罷免されて発覚した。朝廷からの返事を受領すると、幕府では二十五日に将軍跡継ぎを公表するため諸大名を惣登城させる日程を組んだ。それを知った一橋派は、二十五日の公表を何としても阻止しようとする。そのためには政権を主導する直弼を条約調印問題で追及して辞任に追い込み、その間に朝廷から慶喜を将軍跡継ぎとする意向を獲得しようと考え、二十三日・二十四日に彼らは登城して直弼へ対面を求め、条約調印したのは違勅にあたるとして直弼を責め立てた。この行為について、直弼は「なんとしても私を取り落とそうとする企て」であり、将軍のために身を捨てるのはいいが、彼らのために追い落とされるのは心外だ、と心情を漏らしている（『維新史料』七巻四九号）。

条約勅許の問題とは、一橋派が直弼を攻撃する格好の材料として取り上げたことで政争の具とされたという側面が強い。

戊午の密勅と安政の大獄

孝明天皇は、三月に出した自らの勅命が守られなかったため怒りをあらわにする。一橋派は、天皇が直弼政権を批判する思いは自分たちと共通するとして、天皇の力を借りて幕政批判を展開しようとした。水戸藩では京都留守居の鵜飼《うかい》吉左衛門《きちざえもん》、福井藩では橋本左内《はしもとさない》、薩摩藩では西郷隆盛《さいごうたかもり》が公家と接触して朝廷から幕府へ打撃を与える策を練る。直弼は腹心の長野義言を京都に派遣して情報収集にあたらせたが、一人では限界があった。

一橋派の朝廷工作の結果、八月八日に幕政運営を批判する孝明天皇の勅諚が出された（戊午の密勅）。幕府による条約調印を批判し、尾張藩・水戸藩ら御三家と協議の上、外国に対処するよう命じたものである。幕府側からするとこの密勅には二つの問題点があった。一つは朝廷が幕府を批判したことそのもので、もう一つは勅命が水戸藩へ直接下された点である。いずれも、幕府が全国を統治し諸大名や朝廷へ指示命令を下すという社会体制の原則を否定する行為である。幕府はこの勅命を社会秩序の根幹を揺るがす大罪とみなして、これにかかわった者を捜査し、逮捕していった。

まず、勅諚降下に奔走した水戸藩士鵜飼吉左衛門と梅田《うめだ》雲浜《うんぴん》（元小浜藩士、浪人）を捕らえ、彼らと連携した宮家や公家の家臣へと捜査の手を広げた。すると押収資料の中から、万一の場合には薩摩・長州・土佐が挙兵するとい

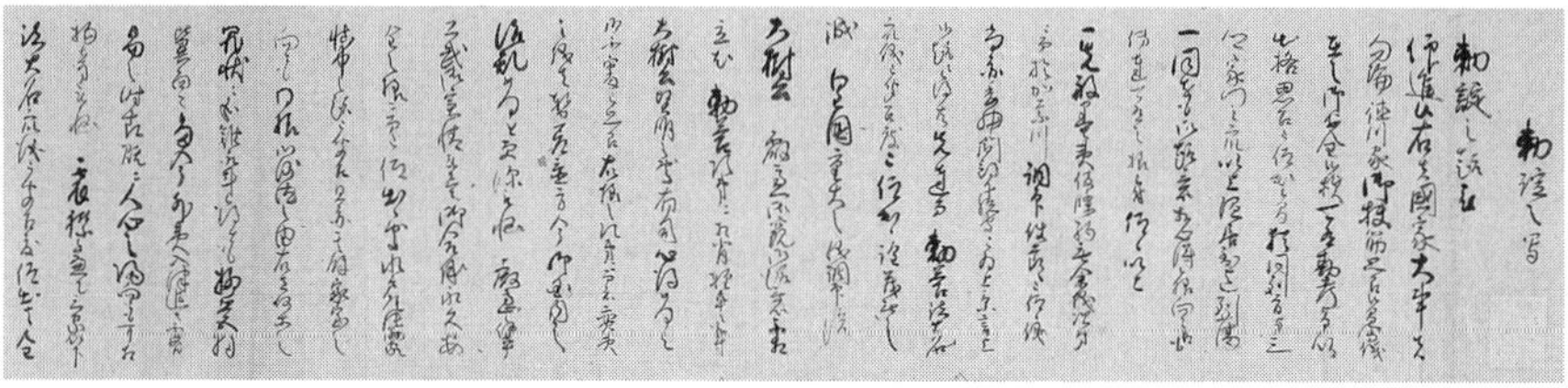

DNPartcom

う西郷隆盛の話をつづった密書が発見された。また、吉田松陰《よしだしょういん》が老中間部詮勝《まなべあきかつ》襲撃計画を自白するなど、武力をもって幕府を打倒しようとする計画が幕府の知るところとなった。軍事クーデターともいえる計画を許すわけにはいかず、幕府は彼らを厳罰に処すこととしたのである。

この一連の処罰は安政の大獄と呼ばれるが、その罪状は大名が朝廷に働きかけて勅命を出させるという社会秩序を犯す行為と、武力による反政権活動であり、これらはどのような政権であっても当然取り締まるべき犯罪行為とみなされている。

一方、孝明天皇に対しては、老中間部詮勝が上洛して幕府の意図を説明し、十二月にはその意向を了解した旨の勅書が下された（『維新史料』一四巻三四号）。そこには「叡慮氷解《えいりょひょうかい》」と、天皇の心の中にあった氷のようなわだかまりが解けたと記す。ただし、間部の説明は軍備を増強して将来的にふたたび攘夷《じょうい》を行うというものであり、問題を先送りにした形になった。そのため、文久三年（一八六三）に天皇は幕府に攘夷決行を迫り、将軍家茂が将軍として二百三十年ぶりに上洛することになる。

叡慮氷解の勅書により、戊午《ぼご》の密勅《みっちょく》は天皇の真意ではなくなった。次に幕府は、水戸藩へ渡ったままになっている密勅を返納させようとして、それを命じる勅命を下すよう朝廷に働きかける。しかし文言の調整に手間取り、安政六年（一八五九）十二月になってようやく返納命令が水戸へ伝えられた。水戸藩では、当主慶篤《よしあつ》はじめ藩中枢の者は水戸の祖廟に納められている密勅の返納を了解したが、これに憤激した尊攘激派の者は返納を阻止しようとして水戸街道の長岡宿（茨城県茨城町）に武装して集結し、街道を封鎖した。藩は長

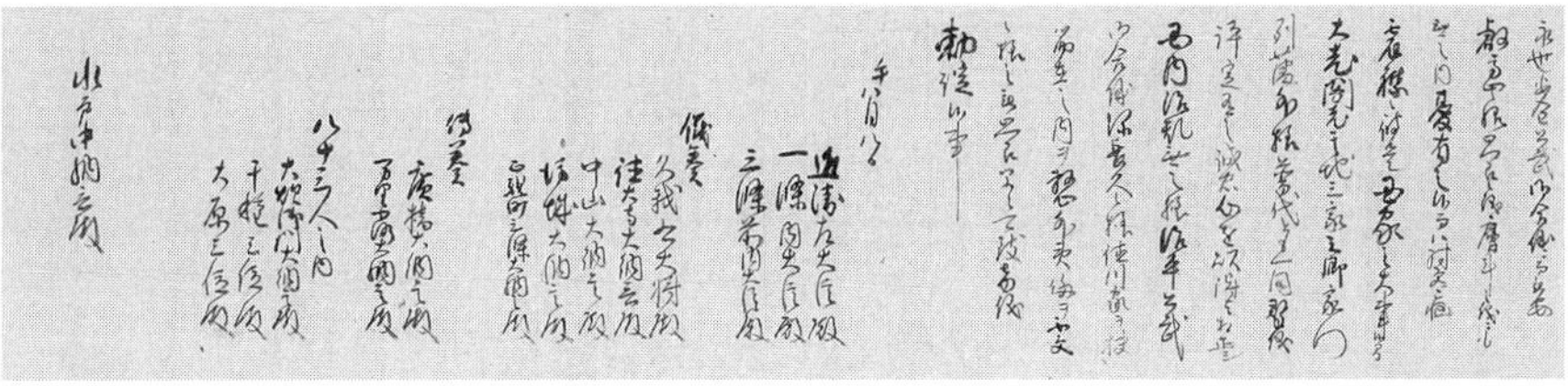

図36　水戸藩に下された戊午の密勅の写　彦根城博物館所蔵　画像提供：彦根城博物館/

岡勢を鎮めようとして中核人物を捕らえようとしたが、彼らは脱藩して江戸へ向かい、大老の暗殺に及んだのであった。

近世社会の大老としての直弼

直弼の大老政治は、幕末政治史の観点から専制的という評価を受けてきた。しかし、直弼の幕政における立場は、直孝以来の将軍の政務判断を補佐する役割に由来する。外交方針の転換という大きな政治判断をするにあたり、将軍は大老を必要としたということである。

直弼自身、井伊家の家格や代々の役割を承知しており、幕府への御用を忠実に果たした。直弼が仕えた将軍家定については、政治的能力が疑問視されて一橋派による「英明な後継者」擁立運動の理由となっていた。しかし、幕政が安定して以来、将軍には強いリーダーシップは求めておらず、信頼する幕閣が提示する政務案を承認するのが歴代将軍の役割となっていた。直弼は大老となって初めて家定と対話しての感想として、「御賢明にて御仁憐の御方」と高く評価している（『維新史料』六巻六一号）。もちろん、それ以前に耳にしていた評判と比較してという意味もあろうが、家定には幕閣の話を理解する力は十分あると判断したのであろう。そもそも直弼の急な大老就任は家定の判断によるものであり、家定自身は譜代大名が将軍の政務を支えるという従来よりの体制の維持を望んでいたことがわかる。

直弼が執った政務は二百年以上にわたり積み重ねられてきた幕政の歴史の上に成り立っている。直弼政治によって従来の幕藩体制が変質を遂げたのはそのとおりであるが、直弼本人は近世社会の人物であると認識してその思考や判断を理解するべきであろう。

2　徳川との主従関係の変質

家督相続の危機を乗り越えて

安政七年（一八六〇）三月三日、大老の直弼は登城途中、水戸藩と薩摩藩の脱藩浪士に襲撃されて命を落とした。突然当主を失った井伊家は、この事態への対処をまちがえば家が断絶しかねない局面を迎えていた。

事変直後から井伊家では二つの動きが見られた。一つは武力をもって主君の仇《かたき》を討とうとするものである。国元の家臣たちは自発的に江戸へ向かい、所領である世田谷や佐野の領民たちも集結し、今にも水戸藩を襲撃しかねない雰囲気となる。

一方、江戸屋敷にいる家老らは、無事に跡継ぎへの相続が認められることを最優先に考えて行動した。老中ら幕府首脳部は何よりも江戸市中が混乱することを嫌い、彦根藩対水戸藩の軍事衝突はなんとしても回避させるよう井伊家へ働きかけており、もし家臣らが暴発すれば井伊家は処罰され御家断絶になりかねない。そこで家老らは事変当日から幕閣と協議を重ねて対処策を検討し、家臣の暴発を抑えて家督相続が無事に認められるよう尽力した。幕法では大名が跡継ぎを届けないまま死去すると断絶や減封など処罰の対象となるため、直弼はけがをして藩邸に戻ったことにして、三月十日に直弼の嫡子である直憲を跡継ぎとする旨を幕府へ届けた。これにより、閏三月三十日になり直弼の死が公表され、四月二十八日、直憲に家督相続が認められた。

事変直後から、幕府は彦根藩へ何度も「心得違いをしないよう」「騒ぎ立てないよう」と指示を出している。また、三月七日には将軍家茂からの使者が井伊家屋敷へ遣わされている。事変を聞いた家茂は、日夜ため息をついてうろうろとしており、柱とも杖とも頼っていたのに直弼を失ってこの先どうすればよいかと心配し、食事量も減ってしまったという。このような将軍の様子が使者により井伊家へ伝えられ、将軍は直弼家臣の心中を察しているという思いが示された（『維新史料』二六巻一五号）。将軍が直弼の行為を正当に評価しており、幕府は井伊家を悪いようにはしないというこのメッセージは国元の家臣にも広く伝達された。家臣の中には主君の怨みを晴らすべきという強硬論を主張する者もいたが、このメッセージは彼らを思いとどまらせる十分な効果があったことであろう。

六月一日、直憲は家督継承の御礼のため初めて登城し、将軍家茂に拝謁した。この時、井伊家の先例にはなかったが、特別に将軍の執務空間「奥」にある御座之間へ召され、家茂から直接言葉を賜った。

　先代掃部頭《（井伊直弼）》精忠の遺志を継ぎ、家来末々まで忍びがたきを忍び、なおこの上忠勤を尽くすように

（『維新史料』二七巻一号）

直弼が大老として将軍家に忠義を尽くした点と、家臣たちが暴発せず抑えがたい気持ちを抑えたことを評価して、直憲への家督相続を認めたので、今後も将軍家への奉公を励むようにというものである。家存亡の危機にあって無事に家を継承できたのは、事変直後から家老らが幕閣と協議を重ねて家存続を何よりも優先させるため尽力した結果といえる。重臣たちが家臣一同に対して、将軍からのメッセージを伝えて意思統一を図ったからこそ、仇討ちの思いを抑えて家督継承の危機を乗り越えることができた。

不完全な当主就任

直憲は無事に家督相続を認められたが、それ以前の井伊家当主とは決定的に異なる点があった。家督相続時点ではいまだ元服していなかったため、当初は月次御礼や節句の登城など、日常的な出仕ができなかったのである。

過去の井伊家の相続では、六代直恒と九代直禔が急逝した後には隠居していた前当主が再度当主の座に就き、次期当主が成長するまでの中継ぎを務めていた。しかし今回は世子として経験を積む期間を設けられず、井伊家では元服前に当主に就いた初めての事例となった。会津松平家など同席の溜詰大名には同様の時期があったため、その

先例を参照してこの時期を乗り切った。

直憲の出仕は段階的に認められていった。その状況を「直勤方日記」（彦根藩井伊家文書）によりみていこう。家督相続当初の直憲は、年中行事のうち年始と八朔（八月一日）の登城だけが認められていたが、二ヵ月後の八月には五節句の登城も認められ、少将の官位を得て歴代井伊家当主の官途名である掃部頭と称することになった。井伊家代々の初官は侍従であり、それより上位の少将に任じられたのは異例の厚遇といえる。これも幕府から井伊家への慰撫策の一つと思われる。

最終的に歴代当主と同様の出仕が認められたのは翌文久元年（一八六一）七月のことである。井伊家としては直弼一周忌を済ませた四月ごろから月次登城を願い出たいと老中と相談していたが、江戸が平穏になっていないのでしばらく見合わせた方がよいとの判断で先延ばしとなっており（『維新史料』二八巻六五号）、七月にようやく認められた。この時には月次登城以外にも溜詰としての登城すべてが認められており、殿中でもほかの溜詰大名と一緒に行動した。

さらに、翌文久二年に孝明天皇の妹である和宮《かずのみや》が将軍家茂のもとへ嫁すと、直憲は婚礼が無事済んだことを祝う使者を命じられ、京都へ派遣された。将軍から朝廷への使者である京都上使は井伊家歴代が何度も務めた御用である。家茂と皇女との縁組は、直弼政権のもとで公武合体を天下に示すために動き出したものであり、直弼没後も長野義言が関白九条家と交渉して推進していた。そのためもあり、和宮の婚姻が公表されるとすぐに井伊家は老中に対して直憲へ京都上使役を任命するよう内願している（『維新史料』二八巻一〇号）。直憲は文久二年二月、京都上使役を務めるために江戸を出立し、その途中で初めて当主として彦根に国入りした。

これにより、直憲が溜詰としての日常的な出仕に加え、大役も無事に務めたことになり、形式上は家代々の格式が継承できたことになった。

ただし、実際の直憲の登城日には不可思議な点がある。家督相続以降、年始・八朔や五節句の登城が認められていっても、毎回病気と称して登城していない。月次御礼が認められるまでに実際に登城したのは家督御礼、官位任官とその御礼の三回だけである。病気とは口実で、実際には水戸藩など反直弼派に不穏な動きがあるため大事をとって登城を控えたようである。

文久二年の政変と彦根藩

直憲が京都上使役を無事に務めて江戸に戻った直後、幕府はその方向性を大きく変える。

通商条約の内容に基づき安政六年（一八五九）から横浜港などで貿易が開始されたが、幕府が孝明天皇へ将来的な攘夷を約束していたことから天皇は攘夷を要求する。直弼路線を継承した老中安藤信正《あんどうのぶまさ》・久世《くぜ》広周《ひろちか》の政権は幕政の矛盾を突いた朝廷の要求に対して毅然とした対応がとれず、天皇が急速に政治発言力を強めて朝廷と幕府の関係が大きく変化することとなった。文久二年（一八六二）一月には安藤が襲撃されて老中を退くと、幕府の弱体化を感じ取った薩摩の島津久光《ひさみつ》（藩主実父）は藩兵を率いて上洛し、幕府へ改革を求める勅使大原重徳《おおはらしげとみ》を擁して江戸へ向かった。その結果、七月に一橋慶喜を将軍後見職に、松平慶永を大老と同格の政事総裁職とする人事が発表された。彼らは直弼と対立していた一橋慶喜擁立派であり、薩摩の軍事力によって幕政の中枢に入るという望みを叶えたといえる。一般には「文久の改革」と呼ばれるが、将軍の家臣が政務を執るという幕府当初以来続けていた体制をくつがえしたものであり、従来の政権側からみれば軍事力を背景とするクーデターともいうべきものである。

反直弼勢力が幕政の中枢を占めたことにより、直弼の政治は完全に否定されることとなった。それを察知した井伊家では、直弼時代の藩政指導者を自ら処罰することで新体制への恭順の意を示そうとした。直弼の側近であった長野義言と宇津木景福は斬首され、家老木俣《きまた》守彝《もりつね》・庵原《いはら》朝儀《とものり》には謹慎ののち隠居の処分が下された。

しかしこのような井伊家独自の対処では事態は収まらず、閏八月、幕府は会津藩主松平容保《かたもり》へ京都守護職を命じ、

図37　長野義言　個人蔵

図38　宇津木景福　個人蔵

井伊家が家康以来の由緒にもとづき主張してきた京都守護の御用が取り上げられた。さらに、十一月には藩領の三分の一にあたる十万石を減知する処罰が下された。その理由として、直弼が朝廷の意向と異なる取り計らいをして公武合体に悪影響を与えたこと、恣意的な人事を行ったこと、さらに不慮の死の折に虚偽の届け出をしたことが挙げられている（『続徳川実紀』）。新政権は直弼政治を処罰すべき「罪」とみなしたということである。

政治的立場の回復をめざして

井伊家は政治的立場を大きく損なう危機的状況を迎えていた。直弼の政務は幕閣の一員としてのものであり、将軍の意を受けて老中と協議しながら進めていたことから、家臣たちはこのような「罪状」に納得できず、脱藩して老中へ嘆願する者も出たが、藩の存続を考えれば逆効果でしかなかった。

この危機を乗り切るために、井伊家中（彦根藩）は一丸となって取り組むべき課題を掲げ、それを解決すべき施策をとることを決定し、文久三年（一八六三）一月、当主直憲は家臣一同を集めてその方針を示した。課題の一つは召し上げられた領地と京都守護の回復、もう一つは直弼につけられた「違勅」というレッテルを打ち消して井伊家は「勤王」であると示し、直弼の名誉を回復することであった。その背景には幕府・朝廷・大名の関係の変化があった。文久二年より京都では長州藩ら尊王攘夷派の勢力が強くなり、彼らの働きかけで朝廷は幕府へ攘夷の実行を求めた結果、将軍家茂は上洛することになった。天皇は将軍を動かし、大名へ直接命令できるまでの力を持つようになっていた。彦根藩はこの潮流に従い、幕府・朝廷の意向を尊重し、尊王攘夷の方針に従うことを表明した。

こののち、彦根藩は幕府からの命令によりたびたび出兵している。幕府は文久三年五月に攘夷を決行して外国船の来航を拒否すると決めると、海岸防衛を強化することとし、彦根藩には横浜の警備を命じた。その後、警備場所は大坂湾や堺へと変更となる。京都に近い大坂湾の守備応援を拝命したときには、武家《ぶけ》伝奏《てんそう》の坊城俊克《ぼうじようとしかつ》を通じて、直弼の罪をつぐない勲功を立てれば憐憫の沙汰が下されるだろうという天皇の意向が直憲に伝えられており、出兵は彦根藩の政治的立場を回復する絶好の機会と考えられた。さらに、八月十八日の政変で尊王攘夷派が京都から追放されると、彦根藩兵は大和天誅組《てんちゆうぐみ》の乱、禁門《きんもん》の変、水戸天狗《てんぐ》党《とう》の乱といった尊王攘夷派の鎮圧に動員された。

図39　堺町御門　禁門の変での激戦地．彦根藩兵は御所各門の警備を命じられ，木俣守盟隊・宇津木泰和隊らが鷹司邸（堺町御門の東隣）に籠もった長州藩兵と交戦した．

慶応元年（一八六五）からの長州出兵（第二次幕長戦争）では、井伊家は徳川軍の先鋒を務める先手の家という由緒を持ち出して、これを見事に務めることで名誉を回復しようと考えて志願し、越後高田藩榊原家とともに安芸国（広島県）側から周防国（山口県）に攻め入る芸州口の先鋒として出陣した。しかし出兵を命じられた外様大名が一様に消極的な態度をとる一方で、長州軍は最新の洋式兵器を備えており、幕府方に不利な戦況であった。彦根藩兵はそのような中で多大な犠牲を出しながらも幕命に従って戦った。

このように、彦根藩は幕府の命令に従って出兵を続けたが、結局、領地回復も名誉回復も成し遂げることはできず、多大な出費と犠牲を出す結果に終わった。

新政府支持への転換

慶応三年（一八六七）十月に将軍徳川慶喜が大政奉還《たいせいほうかん》すると、十二月九日の王政復古のクーデターによって新政府の樹立と慶喜排除が決定される。当時、朝廷の命令により上洛していた井伊直憲は徳川の拠点である二条城に入り、彦根藩兵は会津・桑名・紀州などの藩兵とともに二条城内外に屯集して夜警にあたり、今にも反撃に出ようとする勢いであった。

しかし、彦根藩内部では幕府方・朝廷方のどちらにつくかで意見が対立していた。十二日に慶喜が大坂城に移ると、彦根藩では家老貫名亮寿《ぬきなあきひさ》が二小隊を率いて大坂に下り警備の任に就いている。また、藩主直憲は十五日、病気を理由に帰国を願うが新政府はこれを許さなかった。この時点では彦根藩は積極的に新政府を支持する行動をとっていない。

彦根藩が新政府支持の立場を明確にしたのは十二月二十日前後のことと考えられている。二十三日に直憲は、新政府からの滞京命令に対して、保養を加えながら京都にとどまり、死力を尽くして朝廷を守衛したいと回答している。この回答は新政府への支持を表明するものであり、この時までに新政府支持を決断したことがわかる。翌慶応四年正月早々に始まった幕府軍と新政府軍の戦いでは、彦根藩兵は新政府方として警備についた。譜代筆頭の家柄である彦根藩がいち早く新政府へ味方すると表明したことはほかの諸藩の判断にも影響を与えることとなり、多くの藩がそれに続いた（佐々木克編、二〇〇一）。

彦根藩が新政府支持を決断した理由は何か。一つには藩主・重臣とも在京しており、両勢力と直接交渉できる環境にあったことが大きい。新政府方は彦根藩を取り込むことで他藩が追随することを見越しており、彦根藩の利用価値を認めていた。そのため、新政府方が彦根藩内の新政府支持勢力に働きかけて、藩内に味方を増やす工作を進めたことは容易に想像できる。

もう一つの理由は文久三年（一八六三）に掲げた藩の課題とかかわる。彦根藩はこのとき朝廷から「勤王」の評価を受けて直弼の名誉を回復することを目標に設定していた。この目標を達成するのであれば、天皇を戴く新政府側を選択することになる。一方、譜代大名筆頭とはいえ、文久二年の政変によって主家との関係は大きく変化していた。直弼政治の「罪状」として藩領と家代々の御用を取り上げられて以来、彦根藩はその回復を願って幕府から命じられた軍事動員に応じてきたが、結局回復の望みは叶わないままであった。慶喜を当主とする徳川家は二百年以上にわたり傍らに寄り添い仕えてきた主家とは異なるものとなっており、もはや忠義を尽くす相手ではなかったのである。

天皇の臣への転換

戊辰戦争が一段落した明治元年（一八六八）九月、直憲に縁談の話が持ち上がる。相手は有《あり》栖川宮熾仁《すがわのみやたるひと》親王の妹、糦宮宜子《もりのみやよしこ》である。この話はすぐに調い、翌明治二年二月に宜子は彦根へ輿入れしてきた。東征大総督《とうせいだいそうとく》である親王の妹との婚姻は、井伊家の去就が新政府方勝利に貢献したとして、その功績を評価するものといえるだろう。

直憲は彦根で宜子との婚礼を挙げるとすぐに京都へ向かった。東京へ向かう天皇に供奉するためである。途中、天皇は伊勢神宮に参拝しており、直憲はその先立を務めた。これは、将軍の祖廟参詣で井伊家らが先立を務めてきたのを強く意識したものであろう。井伊家が守るべき主君が将軍から天皇へ転換したことをこの行為が象徴している。

エピローグ——明治以降の社会の中で

井伊家が徳川家臣団の筆頭に上り詰めたのは、徳川が戦国大名としてスタートを切った当初から幕府制度を確立させた四代将軍家綱の時期まで、代を重ねてほかに例のない徳川への貢献があったからといえる。直政が徳川家臣筆頭となる一門衆に登用されたのは、中世以来の家柄に加え、家康が領地を拡大する第一歩となった遠江侵攻を成功に導いた家であることも大きく影響していた。直孝は父直政の立場を継承することで「御家人の長」に至った。そして彼らは徳川が政権を掌握して新たな国家体制を築く中で中核として働き、徳川の世のために貢献した。

徳川の世を支えた「御家人の長」

直孝は先祖からのバトンを受け継いで、泰平の世にふさわしい将軍家の補佐のあり方を確立し、その後二百年にわたる井伊家の家格と役割を決定づけた。江戸時代の社会全般として、この時期に確立した「家」それぞれの職務・役割が次の世代へと継承されていく仕組みが築かれたが、直孝は政権の一員としてこのような体制を築くことにもかかわった。

井伊家が幕末までその立場を維持し続けることができたのは決して当然の結果ではない。一旦確立した家格をそのまま維持するのは容易ではなく、家の名誉を傷つける一度の過ちによって家が取り潰されて家族や家臣が路頭に迷うことになるのは、浅野《あさの》内匠頭《たくみのかみ》の例でも知られる。井伊家では当主の急死により家督継承の危機を何度も迎えたが、幕府へ働きかけて努力を重ねた結果、乗り越えることができた。彼らを突き動かしたのは、井伊家には他家には代替できない固有の役割があるという自負心と、それを手放してはいけないという使命感であったと感じられる。一方、幕府にとっても井伊家は支配する対象ではなく、徳川の権威をあらわすために必要な家であった。家督継承に際して特例が認められた理由はそこにあると考えられる。

井伊直政以来の「御家人の長」とは、単に井伊家当主となるだけで就けるものではなかった。各種の「格別の奉公」をつつがなく務めた末、大老（またはその前身の大年寄）に就くと、ようやく具足祝儀で将軍の相伴が許される。徳川主従の軍事的結束を示す行事で主君と同じ空間に入るこの行為は、関ヶ原合戦の時に家康の名代を任された直政の役割に通じる。そのように考えれば、井伊家の役割の本質は将軍名代を務められる「御家人の長」ということができ、大老とはその格式に就いたことを役職により表現したものといえる。

忘れられた直孝の功績

江戸時代の井伊家では、直孝は譜代筆頭の家格と役割を確立した祖として認識されていた。たとえば、帰国中の当主は、直孝と父・祖父のみ毎月の月命日ごとに菩提寺の清凉寺に参詣しており、年一回、祥月命日のみ参詣するそれ以外の歴代当主とは格差が設けられていた。また、江戸時代後期には直政・直孝を祀る護国殿《ごこくでん》が建立されている（明治初年の神仏分離により、護国殿は佐和山神社となる）。

しかし、明治以降、このような井伊家の役割やその礎を築いた直孝の功績は取り上げられなくなる。忘れ去られたといってもいい状態になった。明治三十四年（一九〇二）に彦根城開城三百年祭が大々的に催されたときには、直政の「御魂」を載せた神輿行列が佐和山神社と彦根城を往復しており、直政は藩祖として一般にも認識されていた。それと対照的に直孝の認知度は低い。

その要因の一つに、直孝には端的に表現できる肩書きがないことが考えられる。直政は藩祖、あるいは「徳川四天王」といえば理解しやすい。それに対し、直孝は幕府内で重職にあったが役職名はなく、一言で説明しづらい。

さらに、明治以降の彦根での郷土史のあり方も関係しているであろう。全国各地で地域発展の礎を築いた先人の顕彰活動が行われており、直孝クラスの人物はほかの地域ならば真っ先に注目されている。直孝の「弟分」ともいえる保科正之は会津藩の祖として地元で事績研究が重ねられ、江戸時代前期の名君の一人として全国的にも知られている。近代彦根の郷土史で直孝が注目されなかったのは、それよりも優先するべき課題が存在したからと考えられる。それは、直弼の名誉回復である。

直弼の名誉回復運動

明治時代になっても、幕末彦根藩がめざした直弼の名誉回復にはほど遠い状態であった。明治政府は戊辰戦争での井伊家の功績は認めたものの、政府高官は直弼に批判的な考えを持つ者で占められた。とくに安政の大獄で処刑された吉田松陰の門下を中心とする長州出身者はその意識が強く、一般には直弼といえば「違勅の臣」というマイナスイメージが浸透していた。

旧彦根藩士ら彦根の人々は直弼の名誉回復を望み顕彰活動を展開する。明治十四年（一八八一）には、記念碑を建設しようとしたが政府高官の圧力によって挫折してしまう。その後、直弼の二十七回忌（明治十九年）・三十三回忌（明治二十五年）などの機会に遺徳を偲ぶ催しを開催すると、名誉回復への思いが強まっていく。

通商条約締結から半世紀を迎えた明治四十二年、横浜で開港五十年祭が開催されることになると、直弼の記念碑建設に挫折してきた旧彦根藩士らは、これが最後の機会と考えて同志を募り、横浜港を見下ろす高台に直弼の銅像建設を成し遂げた。これにあわせて、「違勅の臣」に代わる新しい直弼イメージを打ち出そうとする。五十年祭では、直弼は開港して横浜を発展させた功労者と位置づけられた。直弼を顕彰する人々は、近代化を遂げて発展してきた日本の原点は直弼の決断にあるという発想から直弼に「開国の恩人」という新しい評価をつけて、印刷物などを通して普及させようとした。

それでも、全国的には批判的な評価がくつがえることはなかった。昭和十七年（一九四二）には彦根の人々は国定教科書で描かれる直弼の叙述には問題があるとして、意見書を提出している。教科書の「勅許を待たないで条約調印」「幕府の処置に反対する人々をおさえて幕府の威光を張ろうと」処罰したという記述では、直弼の事績が誤解されかねないと述べている。これらが起こった因果関係を説明せず、直弼と対立した勢力の政治的な思惑を反映した叙述となっていることを問題視したのであった。実は現行の歴史教科書もこれと大差なく、直弼の事績が正確に認識されるようになったとは言いがたい。

受け継がれる井伊家研究

直弼の名誉回復を望む旧家臣たちは、直弼の政治を直接伝える書状・記録類を密かに保管していた。それらは東京の井伊家本邸で保管され、直弼研究の中核史料として活用された。それらの史料の保存・調査の中心となったのは旧彦根藩士の歴史学者中村不《なかむらふ》能斎《のうさい》とその甥で東京帝国大学史料編纂官の中村勝麻呂《かつまろ》である。彼らの調査成果が直弼顕彰活動で用いられた。

直弼の事績が広く知られるきっかけとなった書物が明治二十一年（一八八八）に刊行される。島田《しまだ》三郎《さぶろう》（旧幕臣のジャーナリスト）による『開国始末《かいこくしまつ》』である。島田は井伊家で保管されている直弼関係資料などを取材して直弼の事績を客観的に論じた。

このように、井伊家に保管された直弼関係文書をもとに明治中期から直弼の事績が世に知られ始めたが、この時用いられたのは代表的な史料にとどまっている。数千点に及ぶ史料の公開に踏み切ったのは戦後のことであった。昭和三十四年（一九五九）から東京大学史料編纂所に

図40　横浜掃部山に建てられた直弼の銅像（絵葉書）　横浜都市発展記念館所蔵

より『大日本維新史料　井伊家史料』の刊行が開始され、直弼関係の往復文書類が公開され始めた（平成三十年に全三十冊の刊行完了）。この編纂に従事した吉田常吉《よしだつねきち》の『人物叢書　井伊直弼』は、もっとも充実した直弼の伝記として今も読み継がれている。

また、現代の直弼イメージに影響を与えた作品に舟橋聖一《ふなはしせいいち》の小説『花の生涯』がある。中村勝麻呂の著作などが歴史観のベースとなったこの作品が映画化、さらにＮＨＫ大河ドラマ第一号として放映され、人間味あふれる直弼の人物像が示された。

直弼の名誉回復という課題を負った彦根では、長らく地域の歴史研究は直弼をテーマとするものが多くを占めていた。そこから脱し、直弼に限らず井伊家の歴史全体へと視点を広げるきっかけとなったのが、昭和五十三年（一九七八）から彦根市が実施した井伊家文書の調査と、昭和六十二年の彦根城博物館の開館である。文書調査によって三万点以上の古文書・典籍の目録が刊行され、その全容が明らかとなった。これらの文書を含む井伊家伝来資料を中核資料として収蔵・公開する施設として彦根城博物館は建設され、これらの資料の調査研究が続けられている。

参考文献

朝日一史「井伊直滋と百済寺」（『淡海文化財論叢』五、二〇一三年）
朝尾直弘『都市と近世社会を考える—信長・秀吉から綱吉の時代まで—』（朝日新聞社、一九九五年）
朝尾直弘『将軍権力の創出』（『朝尾直弘著作集』三、岩波書店、二〇〇四年）
朝尾直弘編『譜代大名井伊家の儀礼』（『彦根城博物館叢書』五、サンライズ出版、二〇〇四年）
遠藤珠紀「『院中御湯殿上日記』（天正一五年八月〜一二月記）の紹介」（田島公編『禁裏・公家文庫研究』六、思文閣出版、二〇一七年）
岡崎寛徳『近世武家社会の儀礼と交際』（校倉書房、二〇〇六年）
笠谷和比古『武家政治の源流と展開—近世武家社会研究論考—』（清文堂、二〇一一年）
黒田基樹『戦国大名—政策・統治・戦争—』（平凡社新書、平凡社、二〇一四年）
小池進『江戸幕府直轄軍団の形成』（吉川弘文館、二〇〇一年）
小池進『保科正之』（人物叢書、吉川弘文館、二〇一七年）
小宮木代良『江戸幕府の日記と儀礼史料』（吉川弘文館、二〇〇六年）
佐々木克編『幕末維新の彦根藩』（『彦根城博物館叢書』一、サンライズ出版、二〇〇一年）
皿海ふみ「若君の宮参りと井伊家御成」（朝尾直弘編、二〇〇四年所収）
進士慶幹『由比正雪』（人物叢書、吉川弘文館、一九六一年）
杣田善雄『将軍権力の確立』（『日本近世の歴史』二、吉川弘文館、二〇一二年）
高木昭作『江戸幕府の制度と伝達文書』（角川叢書、角川書店、一九九九年）
田代和生『書き替えられた国書—徳川・朝鮮外交の舞台裏—』（中公新書、中央公論社、一九八三年）
塚本学『徳川綱吉』（人物叢書、吉川弘文館、一九九八年）

徳川記念財団『日光東照宮と将軍社参』（展覧会図録、二〇一一年）
中川学『近世の死と政治文化―鳴物停止と穢―』（吉川弘文館、二〇〇九年）
野口朋隆『近世分家大名論―佐賀藩の政治構造と幕藩関係―』（吉川弘文館、二〇一一年）
野田浩子「大名殿席「溜詰」の基礎的考察」（『彦根城博物館研究紀要』一二、二〇〇一年）
野田浩子「井伊家の家格と幕府儀礼」（朝尾直弘編、二〇〇四年所収ａ）
野田浩子「溜詰の直勤記録」（朝尾直弘編、二〇〇四年所収ｂ）
野田浩子「溜詰大名の将軍家霊廟参詣」（『彦根城博物館研究紀要』一六、二〇〇五年）
野田浩子「徳川将軍家元服儀礼と加冠役井伊家」（『彦根城博物館研究紀要』一七、二〇〇六年）
野田浩子「井伊家当主による日光名代御用」（『彦根城博物館研究紀要』二二、二〇一一年）
野田浩子「幕藩儀礼文書としての老中奉書」（『彦根城博物館研究紀要』二四、二〇一四年）
野田浩子『井伊直政―家康筆頭家臣への軌跡―』（戎光祥出版、二〇一七年）
野田浩子『朝鮮通信使と彦根―記録に残る井伊家のおもてなし―』（サンライズ出版、二〇一九年）
野田浩子「初期大老井伊直孝の二つの役割」（『立命館文学』六七三、二〇二一年）
橋本政宣編『近世武家官位の研究』（続群書類従完成会、一九九九年）
彦根城博物館『戦国から泰平の世へ　井伊直政から直孝の時代』（展覧会図録、二〇〇七年）
彦根城博物館『井伊家と彦根藩』（『井伊家伝来の名宝』一、二〇〇九年）
彦根城博物館『武門の絆　徳川将軍家と井伊家』（展覧会図録、二〇一一年）
彦根城博物館『井伊直弼のこころ―百五十年目の真実―』（二〇一四年）
彦根市史編集委員会編『新修彦根市史』二・三（彦根市、二〇〇八・〇九年）
深井雅海『図解　江戸城をよむ』（原書房、一九九七年）
深井雅海編『江戸時代武家行事儀礼図譜』五（東洋書林、二〇〇二年）
深井雅海『綱吉と吉宗』（『日本近世の歴史』三、吉川弘文館、二〇一二年）
深井雅海『江戸城御殿の構造と儀礼の研究』（吉川弘文館、二〇二一年）
深水道代「相良清兵衛一件」（『鹿大史学』二〇、一九七二年）

福田千鶴『幕藩制的秩序と御家騒動』（校倉書房、一九九九年）
福田千鶴『酒井忠清』（人物叢書、吉川弘文館、二〇〇〇年）
藤井讓治『江戸幕府老中制形成過程の研究』（校倉書房、一九九〇年）
藤井讓治『徳川家光』（人物叢書、吉川弘文館、一九九七年）
藤井讓治『幕藩領主の権力構造』（岩波書店、二〇〇二年）
古川哲史「ある殉死者とその後裔」（『野口隆博士還暦祝賀記念論文集』広島社会学研究会、一九七三年）
松尾美恵子「大名の殿席と家格」（『徳川林政史研究所研究紀要』昭和五五年度、一九八一年）
松尾美恵子・藤實久美子編『大名の江戸暮らし事典』（柊風舎、二〇二一年）
松平秀治「大名分家の基礎的考察」（『徳川林政史研究所研究紀要』昭和四七年度、一九七三年）
三宅正浩『近世大名家の政治秩序』（校倉書房、二〇一四年）
三宅正浩「江戸幕府の政治構造」（『岩波講座日本歴史』一一（近世2）、岩波書店、二〇一四年）
山本博文『殉死の構造』（『叢書死の文化』一九、弘文堂、一九九四年）
山本博文『江戸城の宮廷政治―熊本藩細川忠興・忠利父子の往復書状―』（講談社学術文庫、講談社、二〇〇四年）
吉田常吉『井伊直弼』（人物叢書、吉川弘文館、一九六三年）
ロナルド・トビ「狩野益信筆「朝鮮通信使歓待図屛風」のレトリックと論理」（『國華』一四四四、二〇一六年）

井伊家歴代当主一覧

＊は再勤

代数	名前	法名	生没年	当主在任年	備考
一	井伊直政《なおまさ》	祥寿院清凉泰安	永禄四（一五六一）―慶長七（一六〇二）	天正三（一五七五）―慶長七（一六〇二）	
	井伊直継《なおつぐ》	雲光院月山了照	天正十八（一五九〇）―寛文二（一六六二）	慶長七（一六〇二）―元和一（一六一五）	①
二	井伊直孝《なおたか》	久昌院豪徳天英	天正十八（一五九〇）―万治二（一六五九）	元和一（一六一五）―万治二（一六五九）	
三	井伊直澄《なおすみ》	玉龍院忠山源功	寛永二（一六二五）―延宝四（一六七六）	万治二（一六五九）―延宝四（一六七六）	
四	井伊直興《なおおき》	長寿院覚翁知性	明暦二（一六五六）―享保二（一七一七）	延宝四（一六七六）―元禄十四（一七〇一）	
五	井伊直通《なおみち》	光照院天真義空	元禄二（一六八九）―宝永七（一七一〇）	元禄十四（一七〇一）―宝永七（一七一〇）	
六	井伊直恒《なおつね》	円成院徳巌道隣	元禄六（一六九三）―宝永七（一七一〇）	宝永七（一七一〇）―宝永七（一七一〇）	
	井伊直興＊			宝永七（一七一〇）―正徳四（一七一四）	②
七	井伊直惟《なおのぶ》	泰源院海印指光	元禄十三（一七〇〇）―元文一（一七三六）	正徳四（一七一四）―享保二十（一七三五）	
八	井伊直定《なおさだ》	天祥院泰山定公	元禄十五（一七〇二）―宝暦十（一七六〇）	享保二十（一七三五）―宝暦四（一七五四）	
九	井伊直禔《なおよし》	見性院観刹了因	享保十二（一七二七）―宝暦四（一七五四）	宝暦四（一七五四）―宝暦四（一七五四）	
	井伊直定＊			宝暦四（一七五四）―宝暦五（一七五五）	
十	井伊直幸《なおひで》	大魏院弥高文山	享保十六（一七三一）―寛政一（一七八九）	宝暦五（一七五五）―寛政一（一七八九）	
十一	井伊直中《なおなか》	観徳院天寧宏輝	明和三（一七六六）―天保二（一八三一）	寛政一（一七八九）―文化九（一八一二）	
十二	井伊直亮《なおあき》	天徳院真龍廓性	寛政六（一七九四）―嘉永三（一八五〇）	文化九（一八一二）―嘉永三（一八五〇）	
十三	井伊直弼《なおすけ》	宗観院柳暁覚翁	文化十二（一八一五）―万延一（一八六〇）	嘉永三（一八五〇）―万延一（一八六〇）	
十四	井伊直憲《なおのり》	忠正院清節恕堂	嘉永一（一八四八）―明治三十五（一九〇二）	万延一（一八六〇）―明治四（一八七一）	

（備考）①別家（井伊兵部少輔家）を立てたため、彦根藩井伊家では歴代当主に数えない。②直治・直該と改名

略年表

和暦	西暦	事項
天正三	一五七五	井伊直政、徳川家康の家臣となる。
天正四	一五七六	直政、遠州芝原の陣で初陣を飾る。
天正十	一五八二	直政、天正壬午の乱で北条氏との和睦交渉の使者を務める。戦後、家康は直政を大将とする軍事部隊を組織し、武田旧臣らを付属させる。
天正十一	一五八三	直政、徳川家康の養女と結婚する。
天正十二	一五八四	直政、小牧・長久手の戦いで徳川家康旗本隊の先鋒として活躍する。
天正十五	一五八七	直政、徳川家康の上洛に随従し、侍従に任官される。
天正十八	一五九〇	小田原の陣で井伊隊は篠曲輪へ夜襲し戦功をあげる。／直政、上野国箕輪城主（十二万石）となる。
慶長三	一五九八	徳川家康と黒田孝高が同盟を結び、直政と黒田長政が起請文を交わす。
慶長五	一六〇〇	関ヶ原の戦いで井伊隊は一番槍の軍功をあげる。
慶長六	一六〇一	直政、近江佐和山城を与えられ、十八万石に加増される。
慶長七	一六〇二	直政が死去し、直継が家督を継ぐ。
慶長八	一六〇三	徳川家康、征夷大将軍となり、江戸に幕府を開く。
慶長九	一六〇四	彦根城の築城工事が開始される。
慶長十三	一六〇八	筒井定次の改易に際して、井伊家は伊賀上野城の受け取りに出向く。／井伊直孝、江戸城書院番頭となり、五千石を領する。
慶長十五	一六一〇	直孝、大番頭に昇進し、一万石に倍増される。
慶長十九	一六一四	大坂冬の陣で、直孝が井伊隊を率いて出陣する。
元和元	一六一五	直孝が直政の家督を相続し、彦根城と近江十五万石を受け継ぐ。直継は上野の三万石を分知されて安中藩主となる。／大坂夏の陣の戦功として直孝に五万石が加増される。

和暦	西暦	事項
寛永元	一六二四	二条城改修が始まり、井伊家は本丸東南隅櫓とその周辺を担当する。
寛永九	一六三二	直孝、前将軍徳川秀忠の遺命により幕政に参与する。その後、年寄の列に加わる。
寛永十	一六三三	直孝、黒田騒動（福岡藩の御家騒動）の裁定に関与する。／領地が三十万石に加増され、十四代直憲まで維持される。
寛永十三	一六三六	柳川一件後の朝鮮使節来日に際し、直孝が対馬藩主宗義成を指南する。江戸城での国書捧呈式では直孝ら年寄が将軍の言葉を伝える。
寛永十九	一六四二	徳川家綱（将軍家光の嫡子）、宮参りの帰りに直孝屋敷へ御成する。
正保二	一六四五	徳川家綱の元服式で直孝が加冠役を務め、初召用具足を献上する。その後の将軍家跡継ぎの元服式でも毎回井伊家当主が務める。
慶安四	一六五一	直孝、慶安事件の鎮圧を主導する。幼将軍家綱の集団指導体制の一員として幕政に関わる。
明暦二	一六五六	直孝、将軍家綱の紅葉山東照宮参詣の先立役を務める。
万治二	一六五九	直孝、死の直前に家臣へ殉死を禁じる。井伊直澄、三代当主となる。
寛文八	一六六八	直澄、直孝の務めた年寄の役割を継承する。
延宝四	一六七六	井伊直興、四代当主となる。
元禄元	一六八八	直興、日光東照宮の修復普請惣奉行を命じられ、三度にわたり日光へ赴く。
元禄八	一六九五	直興、大老就任の前段階の御用部屋入りを拝命する。
元禄十	一六九七	直興、大老に就任する。直後に歴代当主の活躍などをまとめた「御覚書」を柳沢吉保へ提出する。
元禄十四	一七〇一	井伊直通、五代当主となる。
宝永七	一七一〇	井伊直恒、六代当主となるが直後に死去。直興が再度当主に就く。
正徳元	一七一一	直興、大老に就任する（再任）。
正徳四	一七一四	井伊直惟、七代当主となる。弟の直定、新田一万石を分知されて彦根新田藩主となる。

享保二十	一七三五	直定、八代当主となる。これに伴い彦根新田藩は消滅する。
宝暦四	一七五四	井伊直禔、九代当主となるが直後に死去。直定が再度当主に就く。
宝暦五	一七五五	井伊直幸、十代当主となる。
宝暦八	一七五八	美濃郡上八幡城の金森頼錦が改易となり、井伊家は城受け取りと警備に向かう。
宝暦十	一七六〇	直幸、将軍から天皇への使者（京都上使役）を務める。
天明四	一七八四	直幸、大老に就任する。
天明八	一七八八	近江小室の小堀政峯の改易に際し、井伊家は武器引き取りに向かう。
寛政元	一七八九	井伊直中、十一代当主となる。
文化九	一八一二	井伊直亮、十二代当主となる。
天保六	一八三五	直亮、大老に就任する。
弘化四	一八四七	彦根藩が相模湾三浦半島の警衛を命じられる。
嘉永三	一八五〇	井伊直弼、十三代当主となる。
嘉永六	一八五三	ペリーの久里浜上陸の際、彦根藩兵二千人で警固する。その後、大森・羽田付近へと警衛の持ち場替えとなる。
安政元	一八五四	井伊家、京都守護を拝命する。
安政五	一八五八	直弼、大老に就任する。／幕府は日米修好通商条約を調印する。戊午の密勅降下を画策した者を探索して処罰する（安政の大獄）。
万延元	一八六〇	直弼、登城途中に水戸藩・薩摩藩の脱藩浪士に襲撃されて死去する（桜田門外の変）。井伊直憲、十四代当主となる。
文久二	一八六二	直憲、将軍家茂と和宮の成婚祝儀使者として朝廷へ派遣される。／文久二年の政変で直弼政治が否定され、井伊家は京都守護の解任、十万石減知などの処罰を受ける。
文久三	一八六三	政治的立場の危機の中、井伊家は領地回復と直弼の名誉回復を目標に掲げる。／横浜や堺の警備、大和天誅組の鎮圧に彦根藩兵を出す。
元治元	一八六四	禁門の変で彦根藩兵は禁裏周辺を守り、長州藩兵と交戦する。

和暦	西暦	事項
慶応元	一八六五	第二次幕長戦争で芸州口の先鋒として出兵する。
慶応三	一八六七	大政奉還、王政復古のクーデター。
明治元	一八六八	戊辰戦争が起きると、彦根藩は新政府方として戦う。
明治二	一八六九	直憲、糦宮宜子（有栖川宮熾仁親王妹）と結婚する。版籍奉還。
明治四	一八七一	廃藩置県により彦根藩は廃止となる。

あとがき

私が井伊家の研究を始めたのは平成七年（一九九五）のことである。この年、彦根城博物館に学芸員として採用された。

彦根城博物館の開館は昭和六十二年（一九八七）のことであるが、開館時は井伊家当主の井伊直愛氏が彦根市長であったため、公職選挙法により所蔵品を市へ寄付できず博物館へ寄託という扱いであり、七年後の平成六年になって一括して寄贈された。寄贈を契機として歴史部門の調査研究を拡充するため、新たに史料室が置かれ、あわせて史料室学芸員と外部の研究者での共同研究事業を開始することになった。私が採用されたのはそのような井伊家研究が本格的に動き出そうとする時期であったといえる。

共同研究（彦根藩資料調査研究委員会）では五つの研究班が設けられ、私は朝尾直弘先生（当時京都大学名誉教授、その後彦根城博物館館長）を班長とする「武家の儀礼」研究班を担当することになった。朝尾先生は昭和五十三年からの井伊家文書調査において全体をとりまとめる中心的な役割を果たしておられ、文書の全容を誰よりも熟知していた方である。文書群の中には井伊直弼の大老政治に関わる文書などすでに高く評価されていた史料もあったが、「式書」など井伊家当主の幕府儀礼での行動記録類は研究の手がつけられておらず、これらを研究する機会を設けることを提案されたのであった。近世史研究の第一人者である朝尾先生のもとで研究・事務の両面から研究会を運営することが、新人学芸員時代の主要業務の一つとなった。

今でこそ、江戸城での殿中儀礼をはじめ、大名の公務・行事・交際といった研究は充実しているが、研究会を開始した当時はまだまだ新しい分野であり、関連する先行研究も少ない状況であった。そのため研究会は「式書」を読み進めるところからスタートさせた。共同研究事業は、平成十六年に『譜代大名井伊家の儀礼』（彦根城博物館叢書五）を刊行して一段落したが、この段階では「大名としての井伊家」研究の第一歩を踏み出したに過ぎず、取り組むべき課題は山積している状態であった。井伊家は「譜代大名筆頭」あるいは「大老を輩出した家」といわれるが、日々の江戸城への出仕や将軍家儀礼に関わる御用といった実態をみていると、それだけでは言い表せない独自の役割があると考えられるため、引き続き私個人で「式書」を読み解いていった。

二〇一七年に博物館を退職した後、それまで手が付けられていなかった部分の研究を進めようと考えた。その一つに江戸時代前期の井伊家のあり方がある。「式書」は諸制度が確立するまでの段階である江戸前期から正徳年間ごろまでのものはほとんど残っておらず、井伊家文書以外からアプローチする必要があったため、後回しになっていた。ちょうどそのころ、国立公文書館のウェブページ「国立公文書館デジタルアーカイブ」で「江戸幕府日記」類の画像が公開されているのを見つけた。

江戸幕府の公文書・記録類で明治政府に引き継がれたものは、現在、国立公文書館の所蔵となっている。共同研究の時期には閲覧するために東京まで出向き、専門業者に発注して写真を入手していたが、今では自宅に居ながらにして自由に閲覧できるようになったのである。そのため、二〇二〇年の緊急事態宣言により外出が制限された状況でも、井伊家やその周辺人物の動向を「江戸幕府日記」から追う作業を進めることができた。

本シリーズにお誘いいただいたのはその作業中のことであった。共同研究以来の成果を一書にまとめるいい機会と思い、喜んでお受けした次第である。

今回はじめて、家中組織の形成段階からはじまり、幕政の中での御用や立場、当主の継承状況、さらに徳川との主従関係の終わりまで、長い時代にわたる井伊家の歴史を一冊にまとめることができた。これにより、井伊家の役割とそれが意味するところにまで迫ることができたのではないだろうか。ただ、本書では主君である徳川将軍との関係に注目したため、支配地域との関わりは脇に置いた形になってしまった。他巻で扱う外様大名とは異なり、譜代大名独自の側面を重視したためとご理解いただきたい。

本書が完成したのは多くの方々のお力添えのお陰である。儀礼研究へと導いていただいた朝尾直弘先生をはじめ、武家の儀礼研究班の皆様との共同研究の成果がここに反映されている。新しく文章を発表するたびにさまざまなメッセージを寄せてくださる方もありがたい存在である。本書の内容に関わる点では、井伊直政が侍従に叙任された時期は『井伊直政―家康筆頭家臣への軌跡―』の刊行後に遠藤珠紀氏より史料をご教示いただき、本書で改めている。記して謝意をあらわしたい。また、資料閲覧でお世話になった各機関にも御礼申し上げる。そのほか、前述した国立公文書館をはじめ、東京大学史料編纂所、東京国立博物館、国文学研究資料館などが行なっている史料目録や画像のウェブ公開は日々利用させていただいている。これらには計り知れない恩恵を受けており、今後さらに公開環境が充実することを望む。もうひとり、公家社会の様子をはじめどんな質問にも即答して参考資料を出してきてくれる夫にも、日頃の感謝の意を伝えたい。

最後になるが、本シリーズを企画し、本書執筆の機会を設けていただいた野口朋隆氏・兼平賢治氏に御礼申し上げる。

二〇二三年二月二十一日　　小雪舞う誕生日に

野田浩子

著者略歴
一九七〇年、京都市に生まれる
一九九五年、立命館大学大学院文学研究科博士課程前期課程修了
彦根城博物館学芸員を経て、
現在、立命館大学等非常勤講師

〔主要著書〕
『井伊直政―家康筆頭家臣への軌跡―』（戎光祥出版、二〇一七年）
『朝鮮通信使と彦根―記録に残る井伊家のおもてなし―』（サンライズ出版、二〇一九年）

家からみる江戸大名
井伊家　彦根藩

二〇二三年（令和五）六月一日　第一刷発行

著　者　野《の》田《だ》浩《ひろ》子《こ》
発行者　吉川道郎
発行所　株式会社　吉川弘文館
郵便番号一一三―〇〇三三
東京都文京区本郷七丁目二番八号
電話〇三―三八一三―九一五一〈代〉
振替口座〇〇一〇〇―五―二四四番
http://www.yoshikawa-k.co.jp/

印刷＝株式会社 三秀舎
製本＝誠製本株式会社
装幀＝河村 誠

ISBN978-4-642-06881-9